日本語をもっとつかまえろ！

飯間浩明／文
金井真紀／絵

毎日新聞出版

日本語をもっとつかまえろ！

もくじ

しるこ
さて、おやつはどっちにしようかな？
そばをわりばしで食《た》べ
御てもと

？
ボクもいつかずばぬける！
ずばぬけているなぁ

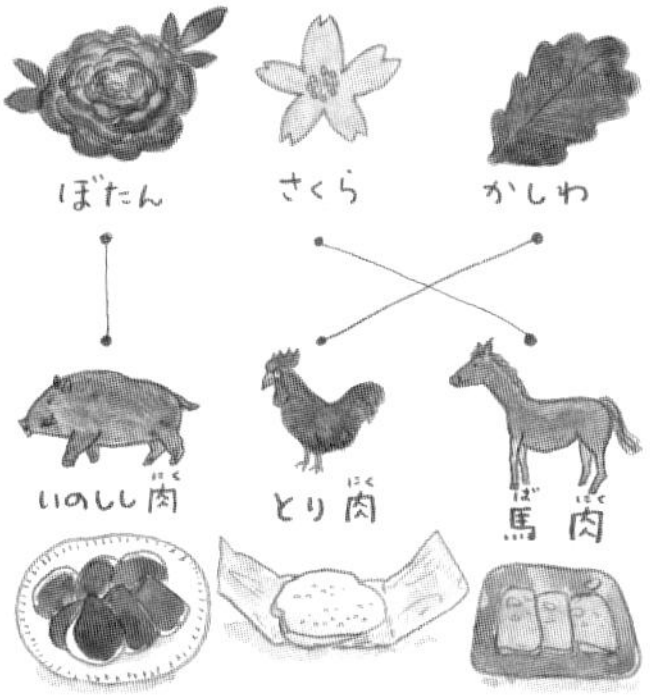
ぼたん
さくら
かしわ
いのしし肉《にく》
とり肉《にく》
馬《ば》肉《にく》

太陽《たいよう》のコロナさん 約《やく》46億年前《おくねんまえ》〜
車《くるま》のコロナさん 1957年《ねん》〜
新型《しんがた》ウイルスのコロナさん 2019年《ねん》〜
ビールのコロナさん 1925年《ねん》〜

ごあいさつ

こんにちは。飯間浩明《いいまひろあき》です。またお会いできました。前の巻に当たる『日本語をつかまえろ！』以来、2年ぶりの再会です。

日本語やことばが好きな人はもちろん、なんかめんどくさそう、難しそうと思う人にも読んでほしい、できれば、小学生から大人まで――。前の巻は、そう願いながら、頭をしぼってまとめました。

今回も同じ気持ちで、いろいろと話すつもりです。日本語の世界は広くて、面白いことがあちこちで見つかるのです。「あいうえお」のような仮名がどうして生まれたかも、まだ話していませんでした。「つまらないゲーム」と言うのに「つまるゲーム」とは言わない理由もふしぎです。「看護婦さん」が「看護師さん」になったいきさつも、ふり返ってみたい。

2020年からの新型コロナウイルスの感染拡大にともなって、ことばになやむことも多くなりました。コロナ禍《か》は「終息」してほしいのか、「収束」してほしいのか、どっちだろう。そんなことも考えてみましょう。

日本語の世界は面白いけれど、私だけでは気づかないこともたくさんあります。「これもふしぎですよ」「こんなことも興味深いです」と、アイデアを提供してくれたのは、イラストを描《か》いてくれた金井真紀《かないまき》さん、そして、『毎日小学生新聞』記者の田嶋夏希《たじまなつき》さんです。おふたりとは、これまで時々作戦会議をして、どんな話を書くかを決めてきました。

単行本化にあたっては、前回に引き続き、毎日新聞出版の八木志朗《やぎしろう》さんにお世話になりました。おかげさまで「映《ば》える」本になりました。

それでは、第2回「日本語ハンティング」への出発といきましょう。

飯間浩明

第1章

◆日本語には仮名がある◆

仮名はどのように生まれた？

大昔、日本に暮らす人々は、お互《たが》いに話はできても、文字は持っていませんでした。ところが、3～4世紀ごろ、中国から漢字が入ってきました。人々は漢字を利用して日本語を書こうとしました。

たとえば、「あきのまつりに」は「秋祭爾《あきのまつりに》」と書きました。「秋祭」は漢字で書けますが、日本語の「に」は中国語にないことばです。それで、「あなた」の意味の「爾《に》」という漢字を当て字として使いました。

「そうか、当て字を使えば日本語が書けるぞ」と気づいた人々は、「曽良《そら》」「也末《やま》」「波奈《はな》」のように、漢字の発音を使って日本語を書き表すようになりました。この書き方は「万葉集」という歌集によく使われたので、万葉仮名と言われています。

ただ、漢字をきちんと書くのは時間がかかります。そのうち、漢字をものすごくくずして書

くようになりました。これがひらがなです。「曽」は「そ」、「良」は「ら」のように、簡単な形になりました。

一方、お坊《ぼう》さんたちは、漢字の一部分などを利用して日本語を書き表すようになりました。「曽」の上側を使って「ソ」、「良」の上側を使って「ラ」というようにです。これがカタカナになったのです。

ひらがなやカタカナが広まったのは、平安時代の初め、9世紀ごろのことです。初めて漢字を目にした日本人が、自分たちの文字を作るまで、長い年月がかかりました。

なぜ、ひらがなとカタカナが？

平安時代の初め（9世紀ごろ）に、ひらがなとカタカナが広まりました。どちらも漢字から作られたものです。

ひらがなは女性が多く使った文字なので、「女手《おんなで》」と呼ばれました。それが、後に「平易《へいい》（＝簡単）な文字」という意味で「平仮名《ひらがな》」と呼ばれるようになりました。

カタカナは漢字の一部分などを利用して作ったので、「不完全な文字」という意味で「片《かた》（＝不完全）仮名」と呼ばれるようになりました。仏教を学ぶお坊《ぼう》さんたちが使ったのが、カタカナの始まりです。

同じ日本語を書き表すのに、２種類の文字を使うのはふしぎです。なぜ、ひとつですませなかったのか。それは、ひらがなとカタカナが、別々の目的で作られたからです。

ひらがなは、手紙などの文章を書くのに使いました。文章を書くには、長く続けて書きやすい文字が必要です。それで、流れるような曲線のひらがなが完成しました。

はるになりました
シュンプウタイトウ
春風駘蕩
春《はる》の風《かぜ》のように人《ひと》がらがおだやかなようす

一方、カタカナは、お経を読んでいたお坊さんがメモに使ったのが始まりです。お経の文章に、漢字の送り仮名などをメモとして書き入れました。メモしやすいように、記号的なカタカナの形が完成しました。

こうして、仮名の種類が2つになりました。現在、ひらがなは一般《いっぱん》的な日本語を書くのに使い、カタカナは外来語や擬音語《ぎおんご》・擬態語《ぎたいご》などに使います。仮名が2種類あるおかげで使い分けられるのは、とても便利です。

「め」の仮名はどの漢字から？

仮名は漢字を元に作られ、発音も、多くは漢字の音読みを元にしています。たとえば、「い」「ろ」「は」は漢字の「以《い》」「呂《ろ》」「波《は》」から作られ、発音も音読みを使っています。形も何となく似ていますね。

「この仮名は、どの漢字からできたのだろう」と、想像してみるのは楽しいことです。答えの一覧は、国語辞典の付録などにのっていることも多いのですが、すぐに見ないで、自分で考えてみるといいでしょう。

たとえば、ひらがなの「め」はどの漢字から来たか。音読みで「メ」と読む漢字を思い浮《う》かべてみても、思いつきません。

正解は「女」です。「女」は音が「ジョ・ニョ・ニョウ」、訓が「おんな・め」。「め」は、音読みではなく訓読みが元になった仮名です。音読みで「メ」と読む漢字があまりないので、訓読みを使ったのでしょう。

大昔、女性のことを「め」と言うことはふつうでした。「女《め》の童《わらわ》」と言えば少女のことです。昔の人は、漢字の「女」を「め」と読むことには抵抗《ていこう》がなかったはずです。

今でも「女神《めがみ》」と言うし、福岡県には「八女《やめ》市」があります。でも、女性を「め」と言うことは少なくなりました。仮名の読みに古風なことばが残っているのです。

ところで、大昔、男性のことは「を」と言いました。でも、今の「を」という仮名は漢字の「遠《おん》」から来ています。残念ながら、男性は仮名に採用されなかったのです。

「つ」と「ツ」が生まれた理由

仮名の中には、どの漢字から作られたのか、わりあい分かりやすいものと、分かりにくいものとがあります。

「い」「ろ」「は」が「以《い》」「呂《ろ》」「波《は》」から来ているのは分かりやすい例と言えます。発音も、漢字の音読みと同じです。

一方、元の漢字が分かりにくいのが「つ」と「ツ」の仮名です。元の漢字は「川」だという意見と、「州」だという意見が、昔からありました。

たしかに、形はなんとなく似ている気がします。でも、「川」も「州」も「ツ」とは読みません。「川」は「河川《かせん》」「川上《かわかみ》」のように使い、「州」は「九州《きゅうしゅう》」「三角州《さんかくす》」のように使います。「ツ」と読まない漢字が、仮名の元になるのは不自然です。

でも、歴史を調べると、元の漢字は「州」だったことが分かります。

奈良時代の歴史書「日本書紀」には、たとえば、朝鮮《ちょうせん》半島の「ミツル」という人の名前を

「弥州流《ミツル》」と書いたところがあります。さっき「州」は「ツ」と読まないと言いましたが、昔の朝鮮ではそう読んだのです。

朝鮮半島での読み方が伝わり、古代の日本でも「州」を「ツ」と読むことがありました。それで、「州」から「つ」「ツ」の仮名ができたという説が、今では有力です。

「州」を「ツ」と読むことは、今では忘れられました。多くの人は、なぜ「つ」「ツ」と書くか、知らずに使っているのです。

つ
つ・ツの元《もと》の漢字《かんじ》はなんだろう？
うーん…わからないねえ
あ、ミツルさんだ

今とはちがう仮名があった

ひらがなの「あ」は「あ」と書きます。これ以外の書き方はありません。当たり前だと言われそうですね。でも、ひらがなが1種類ずつに決められたのは、1900（明治33）年のこと。それ以前は、ひらがなの書き方は複数あったのです。

たとえば、「あ」は「𛀂」とも書きました。「あ」は漢字の「安」から作られ、「𛀂」は「阿《あ》」から作られました。昔の人は、文章の中で同じ文字をくり返すことをきらって、「あ」「𛀂」を混ぜて使いました。

「𛀂」のように、今では使われないひらがなを「変体仮名《へんたいがな》」と言います。「変体」とは、姿がちがうという意味。幼虫がさなぎになる「変態」ではありません。

変体仮名は、今でもときどき目にします。おそばやさんの看板に「生そば」と書いてあるのは「生《き》そば」。これは『日本語をつかまえろ！』の第６章で紹介したことがあります。「そ」「は」は「楚《そ》」「者《は》」から作られた変体仮名です。

さて、おやつはどっちにしようかな？
そばをわりばしで食《た》べ、
御てもと
（おてもと）

もうひとつ、わりあいよく見る変体仮名と言えば「𛁊」です。これは、たとえば「しる𛁊」というふうに使います。あなたは読めますか。元の漢字と形がよく似ています。

正解は「こ」。「古」から作られました。「しる𛁊」は「しるこ」のことです。

変体仮名を知る人は少なくなりました。テレビドラマで、まちがって書いているのを見たこともあります。歴史のある仮名なので、まだ消えないでほしいのですが。

文字の順番が変わっている!?

サラダやスープに使う「ひよこ豆」は、別名「ガルバンゾー」とも言います。この文字を見ていると、私は元気がわいてきます。「ガンバルゾー」と読めてしまうからです。

名古屋の「ひつまぶし」という料理は、ウナギのかば焼きを刻んで、おひつのごはんにのせたものです。これは、つい「ひまつぶし」と読んでしまいます。

私がうっかりしているせいもありますが、もともと、人間の目は読みまちがいをしやすいのです。上下の文字が入れかわっていても、なかなか気づきません。

以前、東京タワーの中にある展示室に、次のような文章が紹介《しょうかい》されていました。

「グタラン、カレライース、サッンドイチ…きめた！　ひぶさしりに　フラドイキチン　をたよべう」

ところどころ、文字が入れかえてあるのに気づきましたか。本当は「グラタン、カレーライス、サンドイッチ…決めた！　久しぶりにフライドチキンを食べよう」です。

ガンバルゾー！
Cocido de Garbanzos
ガルバンゾーの煮《に》こみ

ふしぎなことに、文字の順番が変わっていても、なぜか読めてしまいます。私たちは、文字を1字ずつ読むのでなく、単語全体をぱっと目でとらえて読むからです。

単語の最初と最後だけ合っていれば、中間の順番はどうなっていても読めると言う人もいます。でも、さすがにそれは言い過ぎです。「フライドチキン」を「フイキチドラン」のように大きく変えると、読みにくいですからね。

作家でも見まちがうのかな？

「楡家《にれけ》の人びと」などの小説を書いた作家・北杜夫《きたもりお》は、若いころ、ドイツのトーマス・マンという作家がとても好きでした。いつも彼《かれ》の作品のことを考えていました。

ある時、大通りを歩いていて、急にぎくりとして立ち止まったそうです。なぜかと言うと、すぐ前の店にこんな看板が出ていたからです。「トマトソース」

つまり、「トマトソース」が「トーマス・マン」に見えたんですね。好きな作家のことをずっと考えていたので、思わず見まちがってしまったのです。

「阿修羅《あしゅら》のごとく」などのドラマ脚本《きゃくほん》をのこした作家・向田邦子《むこうだくにこ》は、ある時、電車から窓の外を見ていました。すると、ふしぎな看板がありました。「キノネエ醤油《しょうゆ》」

「気のねえ醤油」つまり「やる気のない醤油」？　そんな醤油はありません。これも見まちがいです。正しくは「キノエネ醤油」という会社。「きのえね」は年や日を表す呼び名のひとつで、「甲子《きのえね》」と書きます。

メイクイーン①ってかわいいよね。
あっ、ちがった！
メインクーン②ってかわいいよね。
①じゃがいもの品種《ひんしゅ》
②ねこの品種《ひんしゅ》

　ややこしい見まちがいもあります。やはり作家の中《なか》島梓《じまあずさ》は、海の近くで「栄螺《さざえ》壺焼《つぼやき》」という看板を見て、「二十四の瞳《ひとみ》」などで有名な作家・壺《つぼ》井《い》栄《さかえ》の名前を思い浮《う》かべたそうです。そういえば漢字が共通しています。

　文字を読みながら、実際には目の前にないことばが浮かんでくるのは面白いですね。作家は特に想像力が強いので、別のことばをつい連想してしまうのでしょう。

まちがった形で覚えちゃった

私は、小学校に上がる前、雑誌の「おたよりコーナー」という文字を見て「コナー」と発音していたことがあります。棒が1本ぬけていますね。多分、「粉《こな》」ということばが頭にあって、つい読みまちがったのでしょう。

国語辞典を作るようになってからも、こういうかんちがいはよく起こります。

コンブやワカメのぬるぬるにふくまれる「フコイダン」という物質があります。健康食品として宣伝されることもあります。

これを国語辞典にのせようと思って原稿《げんこう》を書いたところ、ほかの編集委員から「見出しがまちがっている」と言われました。

私は「フコダイン」と書いていました。「セメダイン」という接着剤《せっちゃくざい》のブランドがあるので、それと混同してしまったようです。あわてて直したのはもちろんです。

「プリザーブドフラワー」という、薬品でみずみずしさを保った花があります。これも国語辞

サッカーで、わざとたおれるのは
シュミレーション だっけ？
ちがうよ、シミュレーション だよね。
シュミ（趣味《しゅみ》）じゃないっておぼえよう。

典にのせようとして、まちがいに気づきました。私は「ブリザードフラワー」だと思っていたのです。

「プリザーブド」は「保存された」という意味。一方、「ブリザード」は「雪あらし」のことです。全然意味がちがいます。

　まちがった形で覚えていても、自分ではなかなか気づかないものです。国語辞典にまちがいをのせては大変です。知っていると思うことばでも、本当にそれでいいかどうか、必ず確認するようにしています。

第2章

◆ややこし楽しい漢字◆

漢字を区別する唱え文句

「若いという字は　苦しい字に似てるわ」

これはアン真理子《まりこ》さんの「悲しみは駈《か》け足でやってくる」という歌です。１９６９年にヒットしました。

「苦しい字」とは「苦しいという字」のこと。たしかに、「若」と「苦」は形が似ています。

若い時は苦労するから……というわけではなく、あくまで偶然《ぐうぜん》です。

「辛《つら》い」と「幸せ」も、意味は反対なのに、漢字の形は似ています。「幸せ」は横棒が一本多い、と覚えておくといいでしょう。

形が似ている漢字を区別するための、唱《とな》えやすい文句もあります。

たとえば、「瓜《うり》につめあり、爪《つめ》につめなし」。畑に実る「瓜」と、指先の「爪」は、漢字の形が似ています。下側の「ム」のような部分が「つめ」です。「爪」という漢字に「つめ」がな

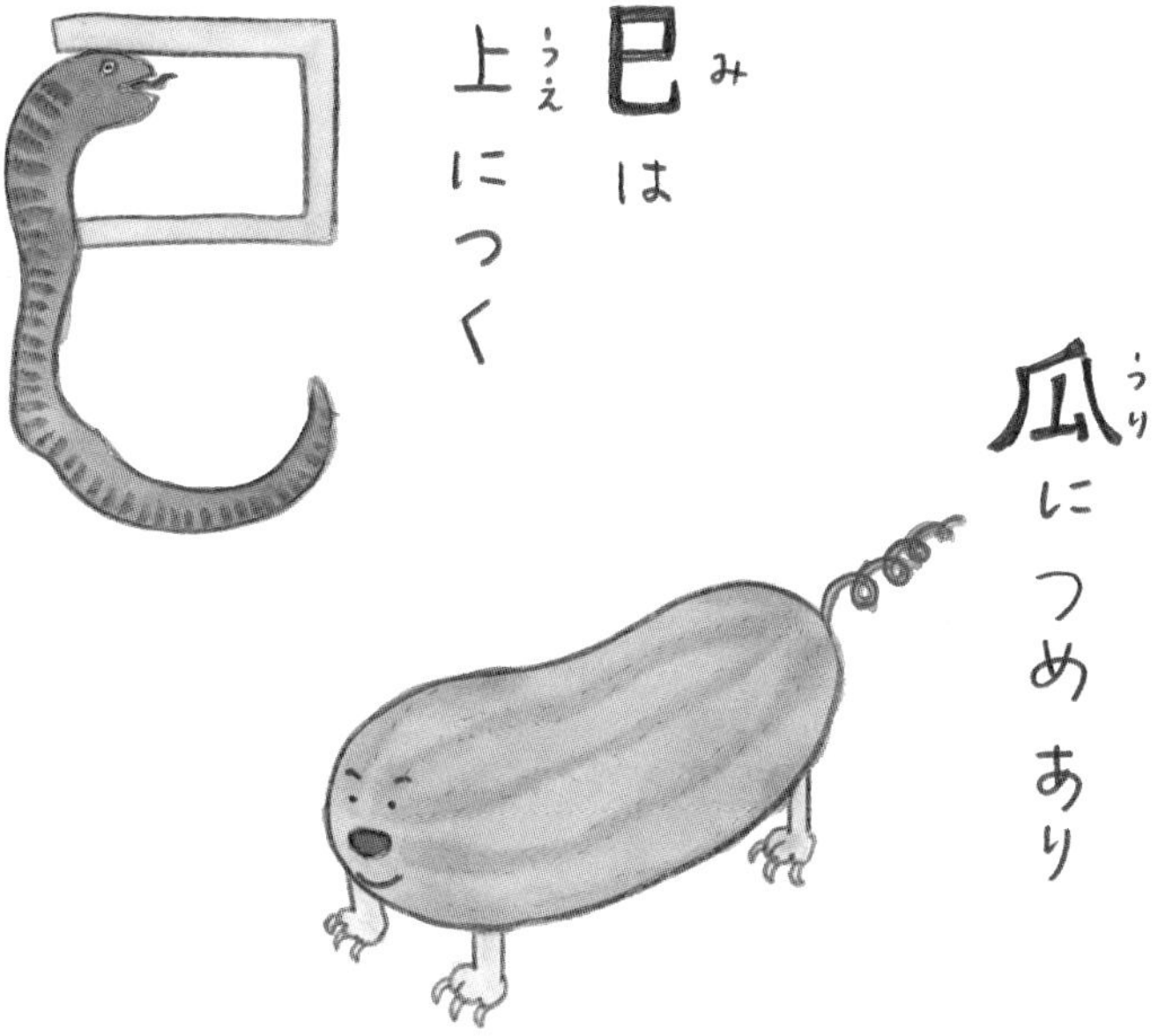

いというのは面白いですね。

あるいは、「おのれは下に、みは上に、すでに・やむ・のみ中につく」。これは「己・巳・已」の区別を表しています。

「己」は「おのれ」で、自分のこと。「自己」などと使います。「巳」は「み」で、ヘビのこと。「巳年《みどし》」はヘビ年です。「已」は「すでに・やむ・のみ」と読む、少し難しい字。

左側の縦棒が、上までのびるか、下にとどまるか、その中間かによって、3つの字が区別されます。とても微妙《びみょう》なちがいです。もし、唱え文句を知らなければ、私は字を覚えるのにとても苦労したと思います。

なぜその「へん」になるの？

小学校低学年のある子どもが、スーパーで売っている魚を見てさけびました。

「『指がのってます』って書いてある！」

魚に「指」がのっていたら、こわいですね。これは「脂《あぶら》がのってます」を見まちがえたのです。

昔、新聞で読んだ話です。

「指」の左側の「てへん」は、もとは手の形でした。「てへん」の字は、どれも手に関係があります。

「指」「持つ」「投げる」「打つ」など、たしかにそうですね。

一方、「脂」の左側は「にくづき」です。これは肉や体の部分に関係があります。「脂」は動物の体の脂肪《しぼう》。また、「胸」「腹」「腸」にも「にくづき」がふくまれています。

「へん」があいまいで字をまちがえることは、よくあります。なぜその「へん」になるのか知っておくと、誤字が減ります。

私は小学校のころ、よく「成績」を「成積」と書いていました。「績」「積」はどちらも音読

魚《さかな》にのっている
のは
指《ゆび》!?
ではなく
脂《あぶら》です。
ちなみに「さかなへん」
だと鮨《すし》になります。

みは「セキ」。一体、どっちがどっちか、すぐに分からなくなりました。

「績」の「いとへん」は、糸に関係があります。「績」は、綿などから糸を作ること。それで「仕事」「仕事の結果」の意味になりました。「成績」も、仕事や勉強の結果です。

一方、「積」の「のぎへん」は、稲《いね》や穀物《こくもつ》に関係があります。「積」は収穫《しゅうかく》した稲などを、高く「積み上げる」こと。かけ算をして数を積み上げることも「積」です。それで、「面積」「体積」と言うのです。

専門家でも「へん」をまちがえる

漢字は形の似た字が多いので、大人でもよくまちがえます。大学生の時、同級生が先生の漢字のまちがいを見つけました。

「講座」ということばがあるでしょう。「漢字講座」など、専門的なことを話してくれる授業のことです。ところが、その先生はまちがえて「構座」と書いたそうです。「ごんべん」が「きへん」になっています。

「ごんべん」は、ことばに関係があります。「話す」「語る」「読む」「記す」などがそうですね。「講座」も話をする場なので、やはり「ごんべん」でなければなりません。

一方の「きへん」は、もちろん木に関係があります。「桜」「梅」「松」などの種類だけでなく、木の並んだ場所は「林」、木の多い集落は「村」です。「学校」の「校」が「きへん」なのは、昔は木造だったからです。

そして、先生が書いた「構」の字は、木材を組み合わせることに使います。「建物の構造」

と言えば、柱・はりなどの組み合わせ方のことです。「文章の構成」も、文と文の組み合わせ方のことを言います。

「講座」の字をまちがえた先生の名前は聞いていませんが、ことばが専門の先生だったそうです。専門家でもまちがえるのだから、漢字はややこしいですね。

ただ、「へん」の意味さえ知っていれば、そんなに迷わずにすみます。「講座」「構造」がなぜ「ごんべん」や「きへん」なのか、自分で説明できればだいじょうぶです。

「張」が「ゆみへん」のわけは？

街を歩いていても、漢字の「へん」をまちがえた例に出合うことがあります。

古本屋さんの壁《かべ》に「出帳もいたします」と書いてありました。正しくは「出張《しゅっちょう》」。「本を売りたい人の家まで、こちらから取りに行きます」ということです。

遠くに出向くことを、どうして「出張」と言うのでしょうか。これは、もともと「出張《でば》る」と言っていたのです。「出張る」とは「出っ張る」と同じで、外側までふくらんで、張り出して行くことです。

では、「出張」の「張」が「ゆみへん」なのはどうしてでしょう。「ゆみへん」は、もちろん弓に関係があります。弓のつるは、つよく力を入れてはる（ひっぱる）ものです。そこで「張る」も「ゆみへん」を書くのです。そういえば、「弦《つる》」「強い」「引く」も、みんな「ゆみへん」を書きます。

一方、「帳」の字は帳面（ノート）を表します。「帳」の部首は「はばへん」で、布に関係があります。昔、布は文字を書くためにも使ったので、「帳」も「はばへん」なのです。小学校では習いませんが、「帽《ぼう》子《し》」の「帽」や「幅《はば》」の字も、布に関係があります。

　ところで、「張」も「帳」も、右側の部分には「長」の字が書いてあります。これは、長いという意味ではなく、「チョウ」という音を表すものです。漢字は、左側の「へん」の部分で意味を表し、右側の「つくり」の部分で発音を表すことがとても多いのです。

ゆみへんがいっぱい
弓《ゆみ》の
弦《つる》を
強《つよ》く
引《ひ》いて
張《は》る！

漢字の「へん」が動いてる！

小峰《こみね》さん、峰岸《みねぎし》さんなど、名前に「峰」という字がつく人がいます。峰とは、山の頂上のあたりのことです。一方、同じ「みね」でも「峯《みね》」という字を書く人がいます。「峰」と「峯」。なんだか似ていますね。

よく見ると、「峯」の「山」が左に来たのが「峰」です。ふたつの字は、部品の位置がちがうだけで、実は同じ字です。

「峰」の字は山に関係があるので「やまへん」です。右側の「つくり」の「夆《ほう》」は発音を表します（「峰」の音読みは「ホウ」です）。こういう漢字の部品は、時々、別の位置に動くことがあるのです。「島」という字は、もともと「鳥」の下に「山」を書く字でした。この「山」が左に来ると「嶋《しま》」になります。あるいは、上に来ると「嶌《しま》」になります。これらは名前によく使われる字です。つまり「島」「嶋」「嶌」は、どれも同じ字だったというわけです。

大学生の時、先生やほかの学生たちといっしょに食事に行きました。その店のかけじくに、

「枩」という変な字がありました。

「あれは何と読むか、分かるかな」

先生に聞かれて、困ってしまいました。その字は、筆でくずし字で書いてあったので、いっそう読みにくかったのです。

あなたは、もうきっと分かるでしょう。そのとおり。「松」という字の「きへん」が上に動いた字だったのです。「枩」は「松」と同じ。「まつ」と読む漢字でした。

「ワタナベさん」にもいろいろ

ワタナベさんにメールを書くとき、私はいつも迷います。ワタナベさんという人は何人もいます。どのワタナベさんかによって、名字の漢字が変わるのです。

まず「渡辺《わたなべ》」か「渡部《わたなべ》」かで迷います（「ワタベ」と読む場合もあります）。「辺《へん》」と「部《ぶ》」は別の字なので、区別が必要です。

また、「渡辺」さんも、「辺」の字が部分的にちがう場合があります。「渡邊《わたなべ》」と難しい字を書く人がいます。「辺」「邊《へん》」は同じ字で、昔は「邊」が正式な字（正字）でした。第二次世界大戦後に、簡単な「辺」が標準の字体になったのです。

そうかと思うと、「渡邉《わたなべ》」と書く人もいます。「邉《へん》」は「邊」が少し変化した字です。今では名字で見ることがほとんどです。

これ以外に、「辺」「邊」「邉」がさらに変化した字がたくさんあります。全部で１００以上の変化形があるそうです。

どうも、ワタナベです
どんな字《じ》ですか?
このしつもんが広《ひろ》くて深《ふか》い「ワタナベもんだい」のはじまりだった
渡
に
うふふ

そういえば、サイトウさんもいろいろな漢字を書きます。「斎藤」「斉藤」のほか、「齋藤」「齊藤」……など。この「サイ」の字にも、たくさんの変化形があります。

このうち、「斎」と「斉」はまったく別の字です。「斎」は「書斎《しょさい》」（本を読む部屋）などに使う字。「斉」はふつう「セイ」と読み、「一斉《いっせい》に」などと使う字です。

よく「斎藤」を略して「斉藤」と書く人がいます。でも、それだと別の名字になってしまうので、避《さ》けたほうがいいでしょう。

「国」をなぜ「國」と書くの？

菅田将暉《すだまさき》さん主演で２０１７年に公開された「帝一《ていいち》の國《くに》」という映画があります。いつか総理大臣になって自分の国を作りたいと思っている高校生の話です。

タイトルの「國」は「国」のこと。どうしてこんな難しい字を書くのでしょう。

「國《こく》」という漢字は、古くから正式に使われる字（正字）でした。一方、「国」は、第二次世界大戦後に学校で習うようになりました。「国」が標準になって、まだ歴史が浅いのです。作品のタイトルは、重々しくするため、わざと「國」を使うことがあります。

それでは、「国」は新しく作られた字かというと、そうではありません。「國」のほうが古いのは確かですが、「国」も何千年も前からずっと使われています。ただ、学校で習うようになったのは戦後というわけです。

「國」はまた「圀《こく》」とも書かれました。歴史の好きな人なら見たことがあるかもしれません。「水戸黄門《みとこうもん》」と言われた徳川光圀《とくがわみつくに》の名前に使われている字です。

つまり、「國」は昔から「国」とも「圀」とも書かれました。ほかにもいくつかの書き方があります。このように、ひとつの漢字がいろいろな字体で書かれることは、昔からごくふつうのことでした。

戦後は、なるべく簡単な字体を選んで書くようになりました。「国」は「國」よりも画数が少なく、早く書けます。それで、新しい標準の字体になったのです。

戦争が終わって漢字が変わった

1945年に第二次世界大戦が終わり、日本の社会は大きく変わりました。軍隊がなくなり、憲法が新しくなりました。

漢字の書き方も大きく変わりました。学校では、たとえば、それまでの「國《こく》」を「国」、「賣《ばい》」を「売」と書くようになりました。画数が少なく、簡単に書けるからです。「国」も「売」も昔からあった字ですが、それまでは標準の字体ではありませんでした。

そのほか、学校で習う字体が変わった漢字は、全部で300字以上あります。たとえば、「学校」の「学」は、昔は「學《がく》」と書いていました。あるいは、「会社」の「会」は「會《かい》」でした。「人体」の「体」はずっと画数が多くて「體《たい》」と書いていました。こういった画数の多い字よりは、簡単な字のほうが書きやすいのは確かです。

学校で習う漢字が簡単になったため、早く書けるようになったのはいいことです。その代わり、昔の本が読みにくくなってしまいました。せっかくいい本があるのに、それが読

體育館
中国語《ちゅうごくご》(台湾《たいわん》・香港《ホンコン》など)
体育馆
中国語《ちゅうごくご》(中国本土《ちゅうごくほんど》)
体《たい》育《いく》館《かん》
日本語《にほんご》

まれなくなったのは残念です。

　中国本土でも、戦後に漢字を簡単にしました。「個人」の「個」を「个」、「豊富」の「豊」を「丰」とするなど、日本語とは大きくちがう字になっています。

　一方、台湾《たいわん》・香港《ホンコン》などでは、漢字の字体は昔とほとんど変わっていません。書くのは大変ですが、パソコンやスマホが普及《ふきゅう》した今、あまり問題にはならないようです。

誤解されやすい「同音の熟語」

日本語には、同じ発音（同音）の熟語がたくさんあります。たとえば、「こうしょう」。大きな国語辞典には、「高尚・校章・交渉・考証……」など１００語以上のっています。また、「こうこう」は「高校・後攻・航行……」など約１００語、「こうし」は「公私・講師・行使……」など約80語です。

これだけあると、区別が大変です。たとえば、「ドラマのために、こうしょうする」。これは、俳優に出演を「交渉《こうしょう》する」（こうしてくれないかと話し合う）のか。それとも、時代劇の内容が正しいかどうかを「考証する」（資料をもとに考える）のか。人に説明するときは、誤解されないくふうが必要です。

国際会議で、外国語を通訳していた人が、「こうぎょう」と言って、すぐに「金へん」とつけ加えたそうです。「こうぎょう」には「工業・鉱業・興業……」など、同音の熟語がいくつもあります。その中で「金へん」の漢字、つまり「鉱業」（鉱物を掘《ほ》って製品にする産業）だ

煌《こう》々《こう》
※あかりが輝《かがや》くようす
孝《こう》行《こう》
高《こう》校《こう》
鏗《こう》鏗《こう》
※鐘《かね》などが鳴《な》りひびくようす
航《こう》行《こう》
※船《ふね》などが進《すす》むこと
おお…
読《よ》めない…
さすが…

と言ったのです。とっさに説明をくふうしたんですね。通訳者だった米原万里《よねはらまり》が紹介《しょうかい》している話です。

国どうしの首脳会談が開かれたとき、「アメリカ大統領が会談をちゅうしする」というニュースを聞いたことがあります。「えっ、会談を中止なんてできるの？」とおどろきました。実際は「注視する」、つまり「注目する」ということでした。このニュースは、同音の誤解を避《さ》けるくふうが不十分でした。

同音の熟語を書き分けるには？

同じ発音（同音）の熟語は、どう書き分けたらいいのか、困ることがあります。たとえば「修業《しゅぎょう》」と「修行《しゅぎょう》」の区別も難しいですね。次のような場合は、どちらの字を使えばいいでしょうか。

「コックになるために、ホテルのレストランでしゅぎょうした」

ここで、漢字の意味を考えてみましょう。「業」は仕事や勉強のこと。一人前になるため、仕事や勉強をがんばるのが「修業」です。一方、「行」は仏教でさとりを得るための行いのこと。その行いにはげむのが「修行」です。つまり、正解は「修業」です。

こんなふうに、漢字の意味が分かると、熟語をまちがえずに書けるようになります。

私が小中学生のころになやんだのは「観賞《かんしょう》」と「鑑賞《かんしょう》」の書き分けでした。「絵をかんしょうする」は「観賞」でも「鑑賞」でもいいような気がする。本当はどっちだろう？

やはり、漢字の意味を考えてみます。「観」は見ること。「賞」は「いいなあ」と楽しむこと

二足歩行《にそくほこう》してる！
自分《じぶん》にとって危険《きけん》
脅威《きょうい》のねこ
と
驚異《きょうい》のねこ
おどろき
つめがとがってる！

です。それで「花を観賞する」のように使います。一方、「鑑」は「鑑定」という熟語で分かるように、考えて判断する意味があります。絵や音楽の場合は、心で考えながら楽しむので、「鑑賞する」と書くのです。

「観」「鑑」の意味が分かって以来、私は「観賞」「鑑賞」をまちがえないようになりました。漢字辞典で漢字の意味を確かめておくと、熟語の書き分けに役立ちます。

「終息」「収束」どうちがうの？

２０２０年の初めから、新型コロナウイルスの感染拡大が日本でも深刻になりました。こんな苦しい状況《じょうきょう》は早く終わってほしいと、みんなの思いが日に日につのりました。

テレビでは、「早く終息《しゅうそく》することを願う」と字幕が出ていました。かと思うと、「早く収束《しゅうそく》してほしい」とも書かれていました。

「終息」と「収束」。両方とも、とてもよく似た意味です。では、ウイルスの場合はどちらを使えばいいのでしょうか。

実は、どちらでもかまいません。

「終息」の「終」は「おわる」、「息」は「やむ」ということで、勢いがあったものが終わるのが「終息」です。「ブームが終息する」などと言います。一方、「収束」の「収」は「おさめる」、「束」は「あつめる」で、広がったものをおさめる（または、おさまる）のが「収束」です。「議論を収束させる」「議論が収束する」などと言います。

ケーキ分配《ぶんぱい》の議論《ぎろん》は収束《しゅうそく》した。
うん
いらないの？
ロールケーキのマイブームは終息《しゅうそく》した。

ウイルスの感染拡大も、「勢いがなくなって終わってほしい」と思う場合は「終息」を使います。また、「広がったものがおさまってほしい」と思う場合は「収束」を使います。気持ちによって使い分けていいのです。

「終息」は終わっている、「収束」は完全には終わっていない、と区別する人もいますが、不正確です。「収束」も「完全に収束した」と言えば終わっています。「収束」「終息」は、とらえ方がちがうだけで、どちらかが不完全というわけではないのです。

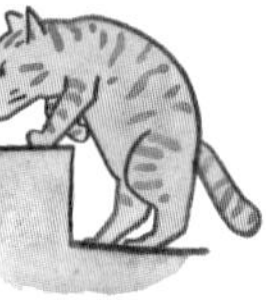

同音の熟語が多いわけは？

日本語に同音の熟語が多い様子を見てきました。「機会」と「機械」、「指示」と「支持」など、例はいくらでもあります。どうしてこんなに同音語が多いのでしょうか。

ちゃんと理由があります。熟語の多くは漢字を音読みしたものです。音読みは、元は古代中国語の発音でした。その発音を、日本人はうまく区別できなかったのです。

たとえば、「交・候・光・公……」などは、古代中国語では全部ちがう発音でした。カタカナで書くと、「交」は「カウ」、「候」は「ホウ」、「光」は「クアング」、「公」は「クング」のような感じでした。それが、日本語では全部「こう」になってしまいました。

漢字はもともと、複雑な中国語の発音を表すために作られたものです。ところが、日本語の発音はとても単純です。それで、漢字が日本に輸入され、日本で使われるうち、発音も日本語ふうに単純になって、細かい区別が失われてしまったのです。

現代の日本語では、多くの熟語が同じ発音になってしまいました。でも、中国語で発音する

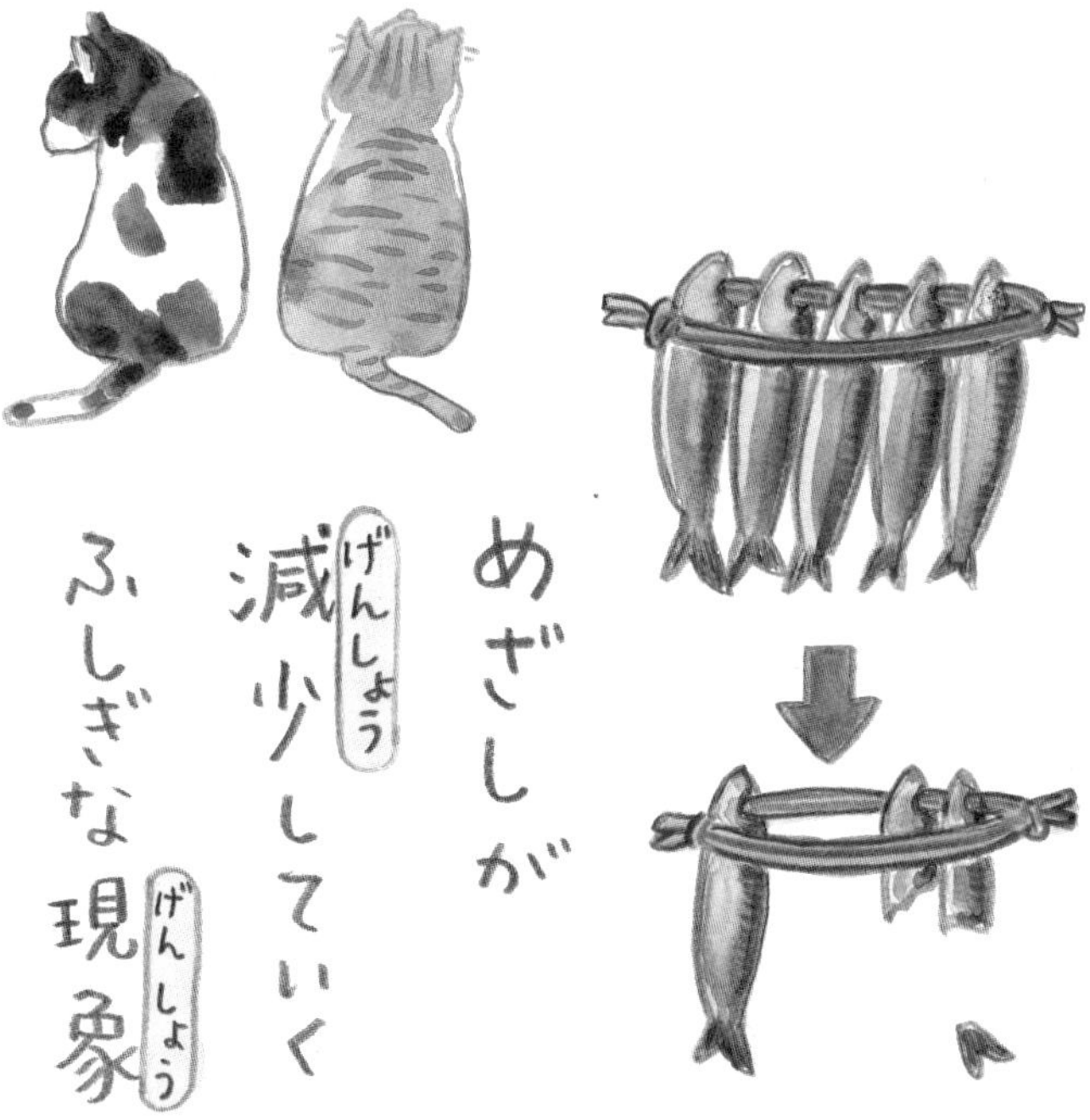
めざしが
減少《げんしょう》していく
ふしぎな現象《げんしょう》

と、けっこう区別ができます。

たとえば、中国語で「機会」は「ジーフイ」、「機械」は「ジーシエ」で、ちがう発音です。また、「指示」は「ヂーシー」、「支持」は「ヂーチー」で、やっぱりちがいます。

日本語は単純で、簡単に発音できる点は長所です。一方、同音語を区別しやすい点は、中国語のほうが有利と言えるでしょう。

くり返しの「々」は何と読む？

◆くり返すための記号◆

「人々」「国々」など、漢字をくり返すときに使う「々」という記号。「佐々木《ささき》」「野々宮《ののみや》」など名字にも使います。この「々」に読み方はあるのでしょうか。

「々」自体に、決まった読み方はありません。上の漢字と同じ読み方で読みます。トランプのジョーカーのようなものですね。

ただ、印刷業界では、この記号のことは「ノマ」と呼んできました。「ノ」「マ」を組み合わせた形だからです。私も、パソコンで「ノマ」と入力すれば「々」が出てくるように単語登録しています。

専門的には「同《どう》の字点」です。「々」は「同」という漢字の別の形である「仝《どう》」が変形してできたといわれます。つまり「同（仝）の字を使った点」ということ。パソコンでも「どう」で「々」が出てきます。

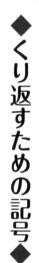

色々《いろいろ》なくだもの
時々《ときどき》すっぱい
熱々《あつあつ》のスープ
堂々《どうどう》としたメロンパン

くわしく言うと、「々」にはもうひとつ別のルーツ（起源）があります。古代中国では、漢字をくり返して書くとき、小さく「二」のような文字を書いていました。やがて、それが変形して「〻」という形になりました。昔の日本で、この「〻」と「仝」とが混ざって「々」になったと考えられています。

「々」の使用法には注意点があります。「人々」のように同じことばをくり返すときに書く記号ですが、「野生」「生物」のように別々のことばが連続するときは「野生々物」とは書きません。この場合は「野生生物」と「々」を使わずに書きます。

「二の字点」という記号があった

私は小学生の時から本が好きでしたが、中学に上がると、難しい本も少しずつ読めるようになりました。夏目《なつめ》漱石《そうせき》や森鷗外《もりおうがい》の作品を読み始めたのもそのころです。

森鷗外の「普《ふ》請中《しんちゅう》」という短編を読んでいた時、ふしぎな記号に気づきました。「渡辺《わたなべ》は稍《や》〻《や》満足してサロンへ帰った」。ん？　「やや」ということばは知っているけれど、この「〻」は一体何だろう？

これは「二の字点」です。漢字の「二」に似た点という意味。これが「仝《どう》」（「同」の別の形）と混ざって「々」（＝同の字点）になったことは、前回説明しました。

「二の字点」は昔の記号です。「稍〻」のほか「愈〻《いよいよ》」「屢〻《しばしば》」などと使いました。この記号を使うのは、副詞と呼ばれることばです。「やや大きい」「いよいよ始まる」のように、くわしく説明することばです。

「〻」は、「人々」などの「々」とよく似ています。でも、ちがいがあります。

愈〻《いよいよ》
冬《ふゆ》〻だね
屢〻《しばしば》
風《かぜ》がつめたいよ

益〻《ますます》
こたつがうれしいね

「人々」の「々」は「人」という字のくり返しを表します。一方、「稍《やや》」は1字だけでちゃんと「やや」と読めるのです。そこに念のため「〻」をつけて、「や」の発音がくり返されることを示しています。

「〻」は、戦前まではよく使われました。ところが、今は、「やや」「いよいよ」「しばしば」などはひらがなで書くようになりました。「〻」には出番がなくなり、めずらしい記号になってしまったのです。

あたゝかい日には、ほゝえんで

私が赤ちゃんのころの写真アルバムを見ると、写真のそばに、母が説明のことばを書きそえてくれています。たとえば「ポカポカあたゝかい」「ボク、にっこりほゝえんでいるでしょ」なんて書いてあります。

「あたゝかい」「ほゝえんで」は年配の人の書き方で「あたたかい」「ほほえんで」のこと。ひらがなをくり返すとき、昔は「ゝ」を使いました。母は第二次世界大戦前の生まれなので、この書き方をします。戦後「ゝ」はあまり使われなくなりました。

この「ゝ」は、専門的には「一つ点」と言います。「さざなみ」「つづく」のように濁音《だくおん》になる場合は、一つ点も「さゞなみ」「つゞく」と濁点を打ちました。

カタカナの場合も一つ点を使いますが、形は少しちがって「ヽ」になります。昔のまんがを見ると、たとえば「ワハハハハ」と笑う場合に「ワハヽヽヽ」と書いてあります。「ハ」をくり返しているのです。

私にとって、この「ゝ」「ゝ」はとてもなじみ深い記号ですが、現在はあまり目にしません。「そんなの見たことない」と言う人もいるかもしれません。

でも、注意していると、一つ点はたまに見つかります。「さゝ木」のように古くからのお店の名前に使うこともあります。詩人の「金子みすゞ」や「いすゞ自動車」も一つ点の例です。そのほかにも、身の回りにないか、探してみませんか。

「ゝ」から生まれた「くの字点」

長谷川町子《はせがわまちこ》のまんが「サザエさん」は、第二次世界大戦後に連載《れんさい》が始まりました。初期の作品には、「もし〱」「はい〱」など、今では見かけない表記があります。

思わず、「もしく」「はいく」と読みたくなりますが、ちがいます。「もしもし」「はいはい」と読むのです。「〱」は2字以上の仮名などをくり返す記号。「く」に似ているので「くの字点」と言います。

連載開始から数年後、１９５０年代なかばになると、「サザエさん」では「くの字点」を使わなくなりました。世間でも、くり返す記号を使う人は少なくなりました。

「くの字点」が生まれたのは古く、今から１０００年ほど前の平安時代です。それまでは、たとえば「そもそも」と書くときは「そもゝゝ」のように「ゝ」（一つ点）を2回書いていました。

そのうち、「ゝゝ」がつながって「〱」になったのです。

この「くの字点」は、とても活躍《かつやく》しました。日本語に多い「さやさや」「きらきら」などの

くり返すことばを、さっと素早く書けるからです。「ありがたい〱」のように何文字もくり返すこともできました。

「ゝ」や「〱」のほか、「々」(同の字点)や「〻」(二の字点)などをまとめて「踊《おど》り字」と言います。

現在、「々」以外の踊り字は活躍の場が少なくなりました。パソコンの時代にはあまり必要とされないのでしょう。ちょっとさびしい気がします。

「〃」は日本生まれの記号か？

日本語には「々」（同の字点）や「ゝ」（一つ点）など「踊《おど》り字」と呼ばれるくり返しの記号があります。こう言うと、ある疑問が思い浮《う》かぶ人がいるかもしれません。

「表の中に文字を書くとき、『〃』という記号を使うけど、あれは一体何？」

たしかに、使いますね。たとえば、サッカーチームの選手名簿《めいぼ》を作る場合。ゴールキーパー（GK）が佐藤《さとう》君・鈴木《すずき》君の2人いるとき、1行目に「GK　佐藤」と書き、2行目に「〃　鈴木」と書いたりします。

この「〃」は「上（前）と同じ」という意味の記号です。カタカナの「ノ」が並んだ形なので、「ノノ点」と言います。表の中で、年月日・住所など、くり返す部分が多いとき、「〃」がとても役立ちます。

「〃」は日本生まれの記号のようにも見えますが、実は西洋から来たものです。英語では「ディットマーク」と言います。「ディット」は「上と同じ」という意味です。

この記号は、明治時代には、日本語の本でも使われていました。明治生まれの私のおじいさんも、昭和初期の手帳に「〃」の記号を書いています。このころには、みんなが使うようになっていました。

「〃」は、人によっていろいろな書き方をします。「い」のように点を左にかたむけたり、「こ」のように上下に並べたり。でも、「ノノ点」と言うくらいだから、「ノ」を横に並べる形がいいでしょう。

第4章

「つまらない」と「くだらない」

◆言える形と言えない形◆

「つまらないゲームだなあ」のように使う「つまらない」ということば。ところが、その反対は「つまる」とは言いません。なぜ「つまらない」と否定する形でしか使わないのでしょうか。

「つまる」には、昔は「納得できる」の意味もありました。「要するに、こうだ」と分かることです。反対の「つまらない」は「納得できない」の意味でした。納得できないものは面白くありません。それで、「つまらない」が「面白くない」という意味になったのです。

同じようにしてできたことばは、ほかにもあります。ばかばかしいことを「くだらない」と言いますが、反対に、ばかばかしくないことを「くだる」とは言いませんね。

昔は「くだる」には「すらすら進む」という意味がありました。その反対の「くだらない」は「すらすら進まない」という意味です。たとえば、文章がややこしく、すらすらと読めないことも「くだらない」と言いました。つまり「分からない」という意味です。

さらに、わけの分からない、ばかばかしいことも「くだらない」と言うようになりました。現在の「くだらない番組」などは、この意味で使われています。

否定形「つまらない」「くだらない」が、ひんぱんに使われるうち、新しい意味が生まれたのです。元の「つまる」「くだる」には、そのように新しい意味が生まれるきっかけは特になかったんですね。

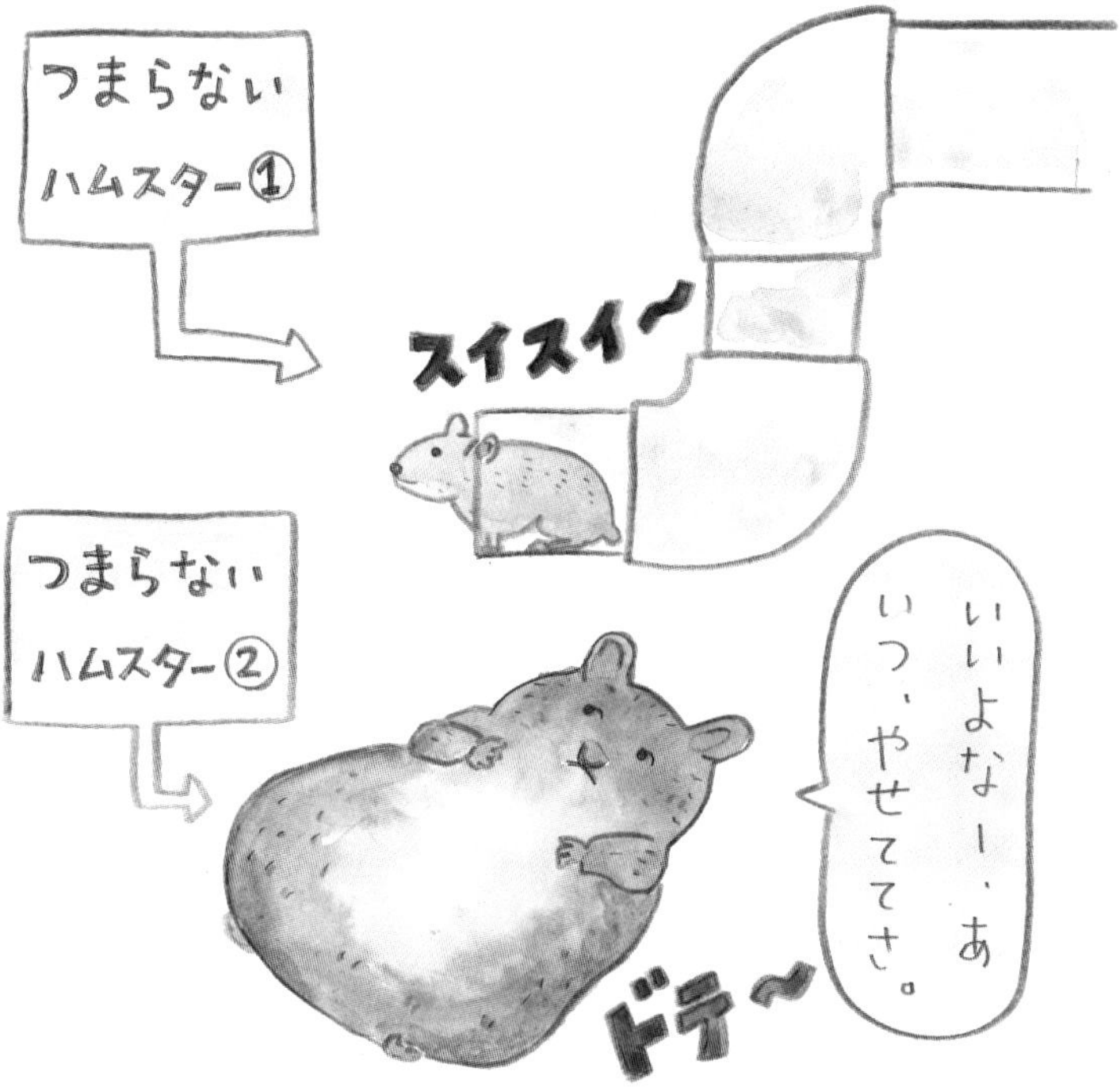
つまらないハムスター①
スイスイ〜
つまらないハムスター②
いいよなー、あいつ、やせててさ。
ドテ〜

気にとめる？　気にとめない？

「私のことを、だれも気にとめなかった」のように使う「気にとめる」という言い方があります。注意を向けるという意味です。このことばが使われた実際の例を見てみると、おやっ、と気づくことがあります。

「少しも気にとめない」「気にとめる様子もない」「気にもとめなかった」

そう、最後に「ない」「なかった」が来ることがふつうです。つまり、否定形で終わることが、とても多いのです。

べつに絶対的なルールではありません。「この問題を気にとめておこう」とも言えます。でも、そういう例は少数です。

なぜでしょうか。「気にとめる」とは、神経を集中するほどでなく、ちょっと注意を向ける、ということです。その弱い注意さえ向けない、という意味合いで、「気にとめない」と否定形で使うことが多いのです。

こんなふうに、ことばには、いつもよく使われる形があります。

ほかには、たとえば「取り残す」という言い方。「無人島に取り残される」のように「取り残される」の形で使うことがふつうです。「相手を島に取り残す」とも言えますが、あまり例は多くありません。

船がこわれて島から出られない状況《じょうきょう》は、まさしく「取り残される」です。この場合、だれかがその人を取り残したわけではありません。人を取り残す場合より、自分が取り残される場合のほうがずっと多いのです。

いただきます!

取《と》り残《のこ》されたスイカ…
だれが食《た》べる?

「才能がすぐれる」って言う？

「晴れる」ということばは、「空が晴れる」「晴れた空」「よく晴れている」のように、それぞれの場合に応じて、形を変えて使います。当然ですね。

同じように、「もつれる」は、「糸がもつれる」「もつれた糸」「糸がもつれている」などと使います。これも当然。

では、「すぐれる」ということばはどうでしょう。「すぐれた才能」「才能がすぐれている」とは言います。でも、「才能がすぐれる」とは言いません。「君は、そのうち才能がすぐれるよ」という表現はしませんね。

才能とは、場合によってすぐれたり、すぐれなかったりするものではありません。すぐれた人の才能は、すぐれたままです（うらやましい）。それで、「そのうちすぐれるよ」とは言えないのです。

これで分かるように、全部のことばが同じように形を変えるわけではありません。ことばによっては、言えない形もあります。「ありふれる」も、このままの形では使いません。「ありふれた話」「そんな話はありふれているよ」のように言うのがふつうです。「あっ、話がありふれる！」なんて言う状況《じょうきょう》は、ちょっと考えられませんね。

このほかにも、「～た」「～ている」とは言えるのに、「～る」とは言えないことばは、けっこうあります。「ずばぬける」「ばかげる」など。ほかにも探してみてください。ことばによって、言える形と、言えない形があるのは、とてもふしぎなことです。

ずばぬけているなぁ
ボクもいつかずばぬける！
？

「へんてつ」は特別なことば

「へんてつ」ということばを聞いたことがありますか。「変哲」とも書きます。意味は、「変わったところ」。ただし、使い方が決まっています。「何のへんてつもない」という場合にしか使わない、特別なことばです。

たとえば、「何のへんてつもない、平凡《へいぼん》な風景」「何のへんてつもない石ころ」のように使います。「この作品にはへんてつがある」などとは言いません。

この「へんてつ」のように、決まった言い方でしか使われないことばは、探してみると、けっこうあります。

「肩身《かたみ》」もその例です。肩と体、または、肩のあたりの部分ということ。でも、これは「肩身がせまい（広い）」の形でしか使わないことばです。「肩身が痛い」などと、ほかの使い方をすることはできません。もったいないですね。

自分だけが人にめいわくに思われている気がして、のびのびした気持ちになれない。それが

あんたのせいで、だれも
こわがらないよ
かわいい
おばけは
肩身《かたみ》がせまい
……。
迫力《はくりょく》が
たりない
んだよ

「肩身がせまい」です。肩のあたりが縮こまるような気持ちです。

　あるいは、「日の目」ということばはどうでしょう。太陽の光のことです。これも「計画が日の目を見る（＝実現する）」のように「日の目を見る（見ない）」の形でしか使いません。「日の目がまぶしいなあ」とは言わないのです。

　人間の中にも、ひとつのことだけが得意な人がいます。ことばも同じで、決まった場合だけに使う特別なものがあります。ちょっとぜいたくな感じがすることばです。

「知れてよかった」使う？

文章の書き方から、若い人が書いたのか、年配の人が書いたのか、分かることがあります。

たとえば、次の文章はどうでしょう。

「専門家の話を聞いて、いろいろな新しいことが知れてよかったです」

さあ、これを書いたのは若い人か、年配の人か。あなたには分かりますか。

実は、若い人です。といっても、10代から30代ぐらいまでの人でしょう。

私は50代ですが、文章で「知れてよかった」とは書きません。書くとしたら「知ることができてよかった」です。表現がちょっと長くなってしまうんですけどね。

私も「知れる」を使うときはあります。Aさんに「○○という本を読んだことはありますか」と聞いたら「はい」という返事。でも、どうも様子がおかしい。それで、「本当は読んでいないな」と知れた。

つまり、「様子から、何となく分かった」ということです。この意味では、私も「知れた」

を使います。一方、「知ることができた」の意味では「知れた」は使いません。

「自分とは、使い方がだいぶちがう」と思うかもしれませんね。小学生なら、それぞれ「『本当は読んでいないな』と分かった」「新しいことが知れてよかった」と書くでしょうか。

若い人と年配の人、どちらかが正しいというわけではありません。私はただ、ことばの使い方が、いつの間にか変化することに興味を持ってほしいのです。

なので、とてもうれしかった

ある人が、誕生日に家族からプレゼントをもらいました。それはどんなものか、本人に書いてもらいましょう。

「前からほしかったシャツだった。なので、とてもうれしかった」

さて、これを書いた人は若い人でしょうか、それとも、年配の人でしょうか。シャツをほしがる年ごろというと、何歳《なんさい》ぐらいだろう？　いや、そうではなくて、ことばを見れば分かるのです。

「なので」を、「なので、〇〇」のように文の頭に置いて使うのは、わりあい若い人です。私のような50代の人は、あまり使いません。

私だったら、「だから」「そういうわけで」などを使います。小学生も使うでしょうが、「なので」も同じくらいなじみがあるのではないでしょうか。

新聞での使い方を見ると、こういうときに「なので」を使う例は、２０００年前後から増え

桃《もも》から生《う》まれました。
ちゅーわけで…
したがいまして…
なので…
桃《もも》太《た》郎《ろう》と名《な》づけました。

ています（新聞社によってちがいます）。一般《いっぱん》の人は、それよりちょっと前からよく使うようになっていたと考えられます。

私が初めて、この「なので」を目にしたのは1990年代でした。当時は「変わった使い方だな」と思いました。今でも、自分では使わないけれど、もう慣れました。

ただし、「なので」が下につくのは、以前からの使い方です。「今日は雨なので、かさを持っていこう」「ここは静かなので、過ごしやすい」のような文は、私も書いています。

「やれている」、実は新しい

当たり前の言い方かと思ったら、実は新しい、ということばの例は多くあります。

「どの選手もよく練習したので、本番の試合では、自信を持ってやれている」

これも、ごくふつうの文章に見えます。ところが、今ふうの言い回しがふくまれています。どこだと思いますか。

それは「やれている」の部分です。「やれている」や、「読めている」「聞けている」「楽しめている」などは、最近特によく使われるようになった言い方です。

古い文章を見ると、「やれている」もたまには見かけます。ただ、数が増えてきたのは、大まかに言って2000年以降です。新聞のことばにも多くなっています。

「自信を持ってやれている」という文章は、昔ならば「自信を持ってやっている」または「自信をもってやれる」と書くのがふつうでした。それが今では、「やっている」と「やれる」を合わせた「やれている」を使う人が多くなっています。

どうしてこんな変化が起こったのでしょうか。「やっている」は現在を表します。また、「やれる」は可能を表します。その両方をいっぺんに表したい、と考える人が多くなったんですね。それで、「やれている」がよく使われるようになったのです。

「やれている」は、昔は表せなかった意味を表そうとした結果、生まれました。ことばが進化したと考えることができます。

「晴れましょう」って言う？

新しいことばが、気づかないうちに広まることもあります。その一方、それまでふつうだったことばが、いつの間にか使われなくなっていくこともあります。

「あすの天気です。関東地方は高気圧におおわれて、晴れましょう」

これはテレビの天気予報ですが、変だと思うところはありませんか。

「晴れましょう」なんて、聞いたことがない、と思うかもしれません。ふつうは「晴れるでしょう」です。「晴れましょう」と言うと、空の雲が「さあ、これから晴れましょう」と呼びかけているみたいです。

でも、私が子どものころ、1970年代は、天気予報では「晴れましょう」と言う人がいました。「晴れましょう」は「晴れるでしょう」の古い言い方です。

つまり、「ましょう」には2つの意味がありました。「そうしよう」という意志と、「そうなるだろう」という予想の2つです。

3分《ぷん》たったら
食《た》べられるように
なりましょう。
3分《ぷん》けいか…
食《た》べましょう!!

今でも、年配の人は「解決は難しくなろう」と書いたりします。これも「解決は難しくなるだろう」の意味です。

だんだん使われなくなった言い方ですが、こんな言い方もあると知っておくと、文章を読むときに役立ちます。たとえば、

「そんな所に寝《ね》ては、体が冷えよう」

この意味も、あなたにはもう分かるでしょう。そのとおり、「体が冷えるだろう」と言っているのです。

覚えません？　覚えていません？

少し前の時代の日本語は、気づきにくいところで今とちがっています。作家・井上靖《いのうえやすし》の1960年代の小説「しろばんば」には、こんな言い方が出てきます。

「（少年は）歌の文句は覚えなかった」

ふーん、だれかに「歌詞を覚えなさい」と言われたのに、覚えなかったのかな。

いえ、これは「歌詞は覚えていなかった、もう忘れた」の意味です。昔は「覚えていない」を「覚えない」と言ったのです。

「あの時どこにいましたか？」「覚えませんね」などと使いました。今では、何のことか分からない人も多いでしょう。

冬になって、「かぜがはやっているから、気をつけてね」と言うことがあります。ごくふつうの言い方です。ところが、これも、少し昔の人はちがう言い方をしました。

「かぜがはやるから、気をつけてね」

えっ、これから流行するの？　そうではなく、もう流行しているのですが、「はやっている」ではなく「はやる」と言ったのです。やはり、今の感覚とは少しちがいます。

昔も今と同じように「書いている」「話している」などと「ている」は日常的に使っていました。でも、ことばによっては、あまり「ている」を使わない場合もありました。

今では、「覚える」と「覚えている」、「はやる」と「はやっている」などをはっきり区別するようになりました。あまり気づかれないうちに、日本語が進化しているのです。

「よかったわ」って言うかな

アニメやドラマを見ていると、こんなせりふを言う女性が登場します。

「ああ、きれいに晴れてよかったわ」

少し言い方がかわいすぎる気がします。実際の女の子なら、どう言うでしょうか。

文の最後の「わ」は、実際はそんなに使われません。「よかったわ」でなく、ふつうに「よかった」と言う人が多いはずです。

「わ」は、何十年か前までは女性がよく使いました。「行きますわ」「ございませんわよ」のように。でも、今はあまり使いません。女らしさをそんなにも強調する必要はないと思う人が多くなったのでしょう。

実は、男性も同じです。

「すかっと晴れてうれしいぜ」

男性である私は、こんなふうに「ぜ」をつけることはありません。小学生の男の子でも、ふ

実際《じっさい》に聞《き》くことは めったにない セリフ

ざけて使うくらいでしょう。

ところが、アニメやドラマの世界では、「よかったわ」「うれしいぜ」のような言い方が使われ続けています。海外ドラマを日本語にふきかえた作品に、特に多いですね。

物語では、登場人物の特徴《とくちょう》を分かりやすく表現する必要があります。キャラを強調しようとして、今ではあまり使われない男女のことばをあえて使うのでしょう。

一方で、なるべく実際に近いことばづかいをどんどん取り入れている作品もあります。「わ」「ぜ」を使わなくても、見る人を物語に引きつけることはできるのです。

博士は「大変じゃ」って言う?

物語の世界では、「きれいだわ」「うれしいぜ」など、今ではあまり使われないことばを話す人物が出てきます。

「博士《はかせ》、これを見てください!」

「おお、大変じゃ。ウイルスの感染者が急激に増えておる!」

こんな会話をする研究者も、まんがなどによく登場します。小さいころの私は、「~じゃ」「~おる」なんて言う博士が本当にいるのかな、と疑問に思っていました。

大学に入ると、博士のように研究している先生はおおぜいいました。でも、話し方はふつうの大人と同じでした。先生を「博士!」「教授!」と呼ぶ人もおらず、ふつうに「中村先生」のように言っていました。

まんがの博士の「~じゃ」「~おる」などのことばは、江戸《えど》時代の上方《かみがた》(関西)のことばをもとに作ったものです。博士っぽいキャラを強調することばづかいで、すでに明治時代の読み物にも似た例があります。

物語の登場人物は、実際にない日本語（バーチャル日本語）を使うことが分かっています。いかにも女性らしいことば、男性らしいことば、博士らしいことばなど、バーチャル日本語はいろいろあります。

バーチャル日本語の研究を最初に始めたのは、金水《きんすい》敏《さとし》さんという日本語学者です。金水さんは大学教授ですが、もちろん「〜じゃ」「〜おる」とは言いません。私たちと同じことばづかいをしています。

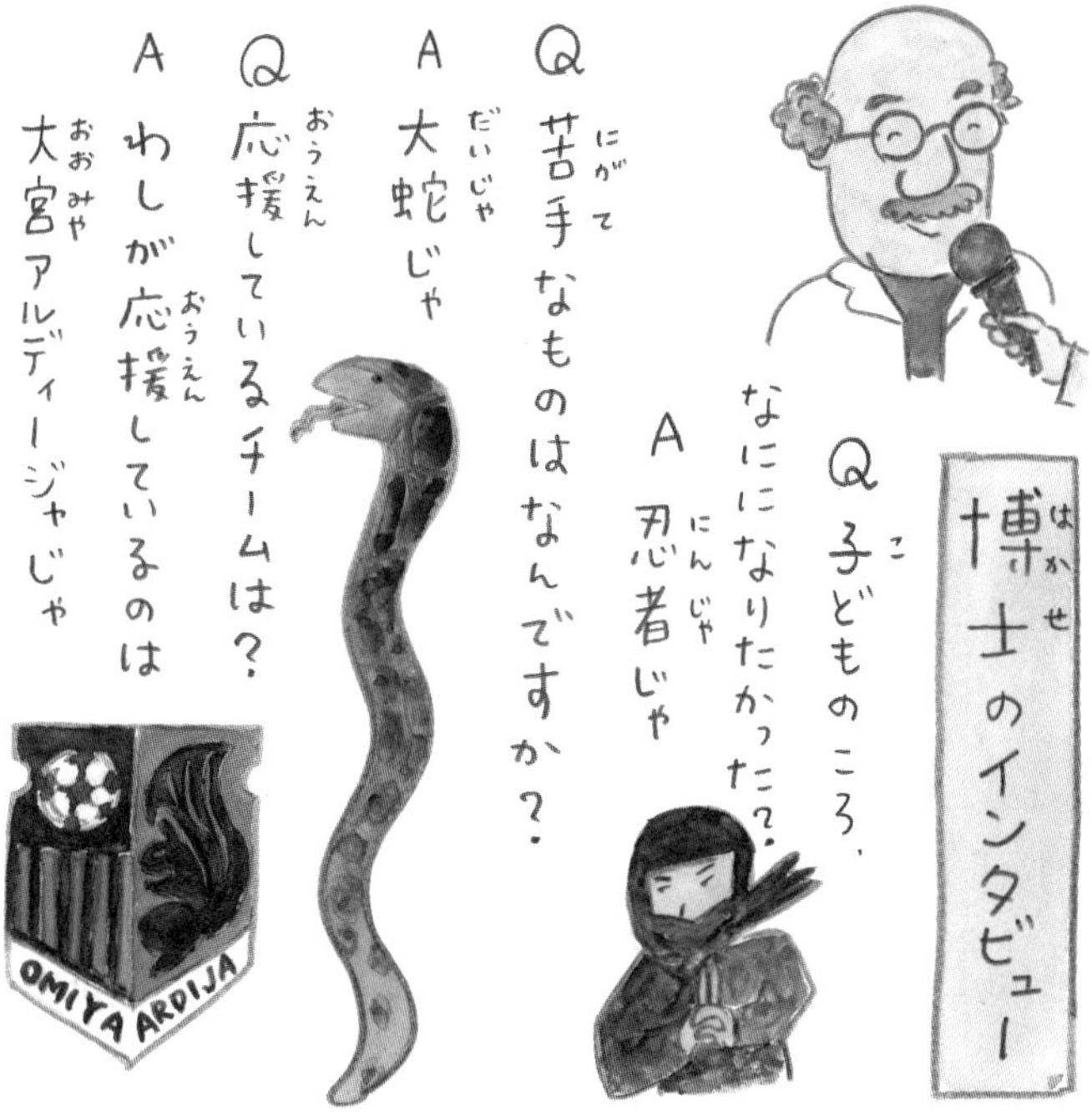
博士《はかせ》のインタビュー
Q 子《こ》どものころ、なにになりたかった？
A 忍者《にんじゃ》じゃ
Q 苦手《にがて》なものはなんですか？
A 大蛇《だいじゃ》じゃ
Q 応援《おうえん》しているチームは？
A わしが応援《おうえん》しているのは大宮《おおみや》アルディージャじゃ
OMIYA ARDIJA

女学生の「てよだわことば」

「わたくし、知らなくってよ」「あら、よくってよ」。こんなことばづかいをする女性を知っていますか。「知らなくってよ」は「知りませんよ」、「よくってよ」は「いいですよ」の意味です。金持ちの家のお嬢《じょう》さまが使いそうなことばですね。

もっとも、いくら金持ちでも、現在はこんな言い方をする女性は、ほとんどいないでしょう。いるとすれば、まんがやアニメなど、物語の中の人物です。つまり、「〜てよ」という言い方は、バーチャルな（実際にない）日本語のひとつなのです。

歴史をさかのぼると、「〜てよ」が女性に実際に使われていた時期がありました。始まりは明治時代です。女学校に通う生徒（女学生）が使って、大流行しました。

今も昔も、若者のことばは大人から批判されます。女学生たちが「よろしくってよ」「あんまりだわ」などと話すことばは、「てよだわことば」と名づけられ、悪いことばづかいとされました。

100年前《ねんまえ》の女学生《じょがくせい》
はかまは動《うご》きやすくてすてきだわ。わたしたちは
春《はる》も秋《あき》も、ふだん勉強《べんきょう》するときも、このかっこうをしていってよ。

ところが、「てよだわことば」は、しだいに一般《いっぱん》の女性にも広まりました。最初は批判されていたはずなのに、いつの間にか上品なことばとされるようになりました。大人というのは勝手なものですね。

第二次世界大戦後、「てよだわことば」の流行はだんだん収まってきました。今では、実際に使う人はごく少なくなり、主に物語の世界に残っているのです。

女性はどんなことばを使う?

「よかったわ」「知らなくってよ」など、いかにも女性らしいことばは、実際にはあまり使われません。では、実際の女性は、どんなことばを使っているのでしょうか。

日本語は、男女でことばが大きくちがっていると言われます。男ことばは乱暴で、女ことばはていねい。そう思われています。本当にそうでしょうか。

男性は「うるせえ、ふざけんな」と言ってもいいけど、女性はそんなこと言っちゃだめ。もし言ったら、それは「日本語の乱れ」ですよ――そんな投書が、少し前まで、新聞にもよくのっていました。

でも、おかしいですね。男性だって、「うるせえ、ふざけんな」とは言わない人も多いはず。私もそんな言い方はしません。「男ことばは乱暴で、女ことばはていねい」というのはまちがいです。男性も女性も、ことばが乱暴な人もいれば、ていねいな人もいます。それだけのことです。

実際の女性は「〜わ」と言わない人が多く、ていねいなことばは男性も使っています。ふだんから「私」と言う男性も多くいます。そう考えると、女性だけが使うことばというのは、かなり限られてきます。

言語学者の中村桃子《なかむらももこ》さんは、「女ことば」は作られたものだと言います。「女性はこう話すものだ」というイメージが作られただけで、実際は、男ことば・女ことばとはっきり分かれるわけではないのです。

第5章

日本語に「人称」が多い理由

◆あなたと私の秘密◆

「ぼく・わたくし・わたし・あたし・あっし・あたい・おれ・おら・おいら……」。日本語には自分を指すことば（一人称《いちにんしょう》）が多い。そう思ったことはありませんか。

相手を指すことば（二人称）も多く、「あなた・あんた・君・お前・お前さん・貴様《きさま》……」などがあります。他人を指すことば（三人称）はやや少ないものの、「彼《かれ》・彼女《かのじょ》・あいつ・あの人……」などがあります。

英語なら、自分は「I《アイ》」、相手は「you《ユー》」で指します。他人を指すことばも「he《ヒー》（彼）・she《シー》（彼女）」など少数です。ドイツ語やフランス語、中国語なども、人称を表すことばは少ないですね。

どうして、日本語は人称の数が多いのでしょうか。日本人は、自分や他人のキャラクターにこだわりがあるから？　それだけではないだろうと、私は考えています。

英語などでは、一つ一つの文で人称を省《はぶ》くことができません。日本語なら「船に乗ったよ」

ですむのに、英語の場合は「I got《アイゴット》 on a《オンナ》 ship《シップ》」（＝私は船に乗った）と、人称の「I」が必要になります。もし、英語の人称が日本語のように個性的で、それを一文ごとに使うとしたら、目立ちすぎるのです。

毎日着る作業着は、どれもじみでシンプルです。一方、たまに着るお出かけの服は、色もデザインもさまざまです。英語の人称は作業着、日本語の人称はお出かけの服と考えれば分かりやすいでしょう。

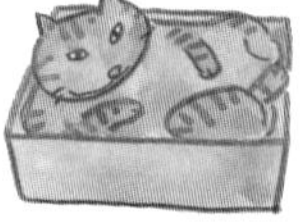

「彼」「彼女」はいつ生まれた？

「友だちの田中君です。彼《かれ》は絵をかくのが得意です」という紹介《しょうかい》のスピーチ。平凡《へいぼん》な紹介のようですが、いや、待てよ。ふだんの会話で「彼は……」なんて言わないはずです。「彼」というのは、何となく日常会話のことばではない気がします。「彼女《かのじょ》」も同じ。海外ドラマのせりふみたいです。

「かれ」は、古くから男女を問わず、他人を指して使われました。「源氏物語《げんじものがたり》」では「あの人」の意味で「かれ」と言いました。相手に向かって「かれは、たれぞ」(＝あなたはだれですか)とも言いました。

自分・相手以外に限って「彼」と言うようになったのは明治時代以降です。英語の「he《ヒー》」(彼)など、西洋のことばを翻訳《ほんやく》して「彼」と言うようになりました。

「彼女」はさらにおくれます。明治時代、やはり英語の「she《シー》」などの翻訳として「かのおんな」(＝あの女性)と言いました。それがやがて「彼女」になりました。

「彼」「彼女」がどこか日本語っぽくないのは、このためです。もともと「かの人」（＝あの人）、「この人」などと言えばすんでいたのですが、西洋語にあわせて使われるようになったことばなのです。

　現代では、男女を区別して表現しないほうがいい場面も多くなりました。日本語の日常会話で、「この人」「この子」というように、男女を区別しないで簡単に言うことができるのは、とても便利なことです。

「君」を「ぼく」と言うわけは？

大人が小さな男の子に向かって「ぼく、何歳《なんさい》？」と聞くことがあります。男の子は、たとえば「３歳」と答えます。

考えてみるとふしぎです。「ぼく」は自分自身のことを指すはず。「ぼく、何歳？」なんて、自分の年齢《ねんれい》を知らないみたい。

もちろん、ここでは「君」の意味で「ぼく」を使っています。男の子は自分のことをいつも「ぼく」と言うので、「君」と言われてもぴんと来ない。それで、大人もその子の立場に立って「ぼく」と呼ぶのです。

私は浩明《ひろあき》といいますが、子どものころは「ひろちゃん」と呼ばれ、自分でも「ひろちゃんがやる！」と言っていました。小さい時は、自分で自分を指す言い方と、人から呼ばれる言い方を区別しないいんですね。

これは、子どもに限りません。関西などでは、相手のことを「自分」と呼びます。たとえば、

「自分、どこ行くん？」と言えば、「お前、どこ行くの？」ということ。決して、自分自身がどこに行くか分からないのではありません。これも、相手の立場に立って「自分」と言っているのです。

「ぼく」に対して、大人が小さな女の子に「私」と呼びかけることは、あまり多くありません。男の子には「おーい、ぼく」と声をかけるのに、女の子には「おーい、私」とはあまり言いません。「私」は、大人の男女も自分を指すときに使うので、だれのことかまぎらわしくなるからです。

「ぼく・私」の使い分けは昔から？

自分のことを、男の子は「ぼく」、女の子は「私《わたし》」と言うことが多い。これは昔からのことだったのでしょうか。

「私」は、もともとの形は「わたくし」で、大人の男女が使っていました。江戸《えど》時代になると「わたし」が現れ、特に女性がよく使うようになりました。

一方、「ぼく（僕）」は、もとは身分の低い男性を指すことばで、漢文（古い中国の文章）に出てきました。漢文を学ぶ武士たちが自分を指して使い、明治時代に男子学生に広まりました。男の子が「ぼく、ぼく」と言うようになったのはそれよりも後です。

昔は、子どもが自分自身を指すことばに、男女のちがいがなかったころがありました。落語に出てくる子どもは、男の子も女の子も「あたい」を使います。「あたいのうちはすぐそこなんだ」と、男の子でも言います。これは明治時代ごろの東京・下町のことばをもとにしていると考えられます。

好《す》きなよびかたで好《す》きなものを言《い》ってみる
あたいは サッカーが好《す》きだ
おいらは ねこが好《す》きなの
せっしゃは フランスパンが好《す》きでござる

それより前、江戸時代には、ふだんの会話で自分のことを「おれ・おいら・おら」と言っていました。子どもから老人まで、男女ともに使うことばでした。女性が「おれ」なんて、ちょっとおどろきますが、今でも、東北地方などの方言では使われます。

こうして見ると、男の子は「ぼく」、女の子は「私」と分かれたのは最近です。かたく考えないで、自分自身のことは、自分の好きなことばで呼んでもいいでしょう。

自分のことを昔は何と言った？

「私《わたし》」は江戸《えど》時代に、「ぼく」は明治時代に一般《いっぱん》化したことばです。江戸時代には自分のことを「おれ・おいら・おら」とも言っていたことは先にふれました。

では、うんと大昔には、自分自身のことを何と言っていたでしょうか。

まとまった文献《ぶんけん》が残っている中で、一番古い時代といえば、千数百年前の奈良時代です。そのころ、自分のことは「わ」、相手のことは「な」と言っていました。

奈良時代の和歌集「万葉集《まんようしゅう》」には、「私を待つ」の意味で「わを待つ」と書いてあります。また、「お前を見ると」の意味で「なを見れば」と書いてあります。自分は「わ」、相手は「な」だったと分かります。

今でも、青森県などでは、自分のことを「わ」、相手のことを「な」と言います。古い言い方が方言に残っているのです。

「わ」と言われてぴんとこない人も、「われ」なら知っていますね。「わ」に「れ」がついた形で、

奈良時代にも使いました。「な」に「れ」がついた「なれ」（＝あなた）もありました。また、相手のことを「なんじ」とも言いますが、これも「な」と関係があります。

奈良時代の次、平安時代の貴族は、自分のことを「まろ」と言いました。今でも、ふざけて貴族のまねをして「まろは……」と言いますね。貴族はまた、相手のことを「もうと」「おもと」と言いました。覚えておいて、使ってみてはどうでしょう。

ヒット曲での相手の呼び方は？

相手を呼ぶことばには、「君」「あなた」「お前」などがあります。ヒット曲の歌詞の中で、相手のことが何と呼ばれているかを見ると、面白いことが分かります。

昭和の初め、流行歌の中で最も多く使われていたことばは「泣く・花・恋《こい》・夜・御《お》……」などでした。相手を呼ぶことばはあまり目立たず、「君」が13位、「あなた」が23位に入っているだけでした。

ところが、戦後の１９６０〜70年代には、「あなた」がとても多くなります。たとえば、76〜77年のヒット曲で最も多かったのは「あなた・いる・君・私・人……」など。相手に「あなた」と呼びかける歌が多くなりました（以上、中野《なかの》洋《ひろし》らの調査）。

その後はどうでしょう。私が90年代の終わりにヒット曲を調べたところ、最も多く使われていたのは「君・あなた・する・夢・時……」などでした。「あなた」に代わって「君」がトップになっていました。２０００年代にもこの傾向《けいこう》は続きました。

20年のヒット曲でも、やはり「君」が一番多い結果でした。2位以下は「僕《ぼく》・いつ・あなた・その……」と続きます。

歌詞で「君」が多くなった理由は何でしょうか。以前は、男性は「君」、女性は「あなた」を使うことが一般《いっぱん》的でした。ところが、最近は、女性も歌詞で「君」を多く使うようになりました。「君」は、みんなに好まれて、使用回数が増えたのです。

タイトルが決まれば書ける

読書感想文などの作文を書くとき、最初のうちは書けるのに、途中《とちゅう》で行きづまってしまう、ということはありませんか。

行きづまらないで書く方法があります。それは、最初にタイトルをしっかり決めておくこと。それも、言いたいことを短く表したタイトルにすることです。

夏目漱石《なつめそうせき》「坊《ぼ》っちゃん」の感想を私が書くならば、「『坊っちゃん』を読んで」など、ばくぜんとしたタイトルは避《さ》けます。これではきっと行きづまるからです。代わりに「りこうなやり方」というのはどうでしょう。

数学教師の「坊っちゃん」は、人とのつきあい方がへたで、損《そん》ばかりしています。もっとりこうにやる方法があったはず。そんな考えをタイトルにしてみました。

その「りこうなやり方」とはどんなものか、小説のいくつかの場面を例に、自分の思うやり方を説明します。例は多いほうがよく分かるし、どんどん書き進めていけます。

でも、本当にそんな「りこうなやり方」ができるんでしょうか。実は、文章を書いている自分だって、いざとなったらうまくできないのでは。そんな反省も加えて、考えを深めると、文章としてまとまりそうです。

ここまでたどり着くための基本になるのはタイトルです。言いたいことを短く表すタイトルにして、本文では、自分の考えを説明するための例をたくさん出す。こうすれば、文章を中断せずに書き進められます。

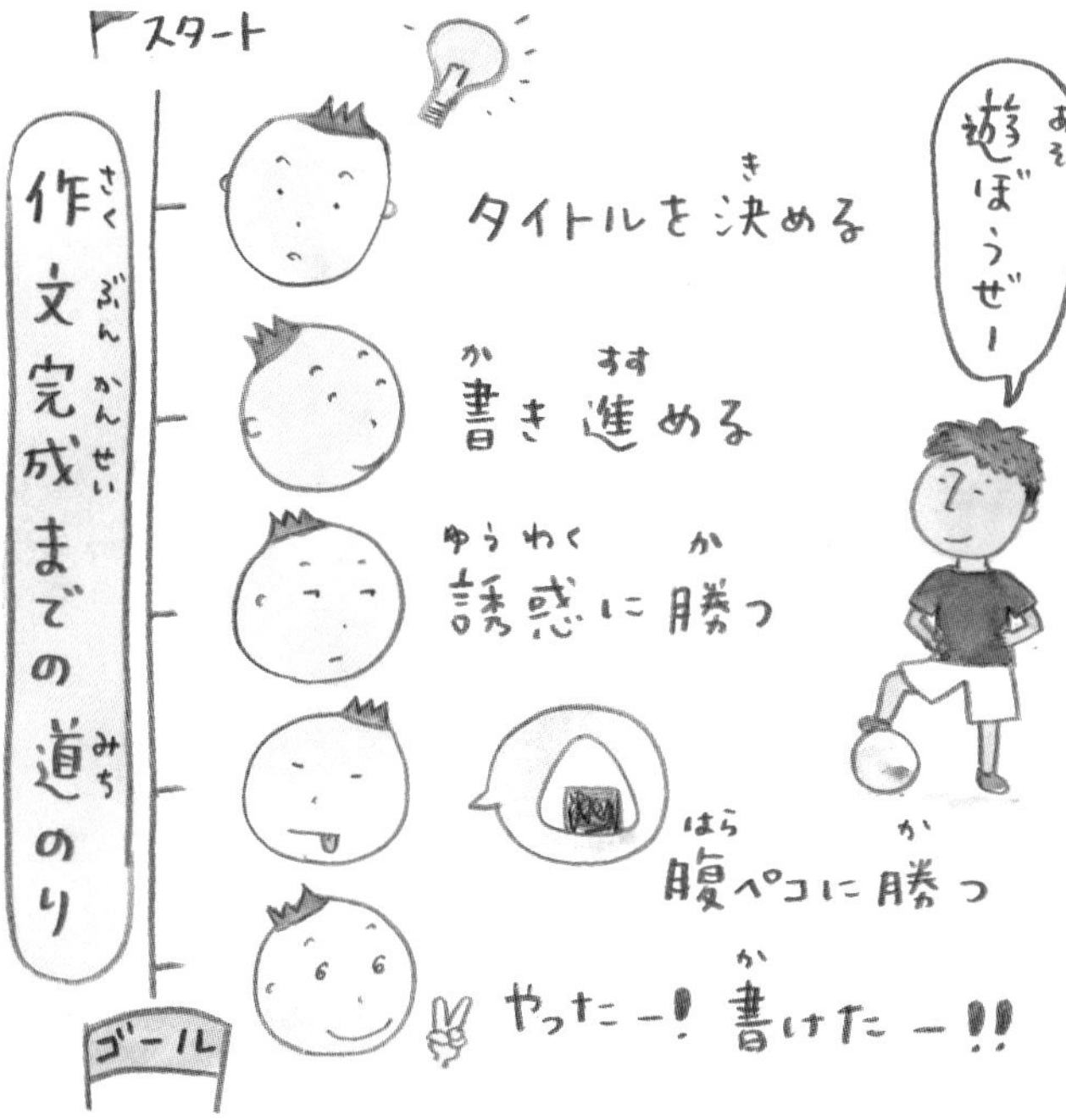
作《さく》文《ぶん》完《かん》成《せい》までの道《みち》のり
スタート
タイトルを決《き》める
書《か》き進《すす》める
誘《ゆう》惑《わく》に勝《か》つ
腹《はら》ペコに勝《か》つ
やったー! 書《か》けたー!!
ゴール
遊《あそ》ぼうぜー

「言いたいこと」は生意気なこと

作文を書いていて、途中《とちゅう》で行きづまらないようにするためには、タイトルが大事だと説明しました。言いたいことを短く表したタイトルが必要です。

「そう言われても、第一、言いたいことが見つからないんだ！」と言う人がいるかもしれません。だいじょうぶ。解決方法があります。「生意気《なまいき》なこと」を言えばいいのです。

えっ、生意気なことなんか、言いたくないって？　でも、みんなが考えたことのない、みんなとちがう意見を文章にしようとすると、どこか生意気になるものです。

私は前回、夏目《なつめ》漱石《そうせき》「坊《ぼ》っちゃん」の感想を述べました。「主人公は人とのつきあい方がへた。りこうにやる方法があったはず」と言いました。これは生意気な意見です。

主人公の数学教師は、学校内のひきょうな人々をこらしめようとします。読者としては応援《おうえん》してあげたい。でも、つい思ってしまうんですよ。「主人公は、単に人づきあいがへたなだけでは？」と。主人公や作者が聞いたら、おこるかもしれません。

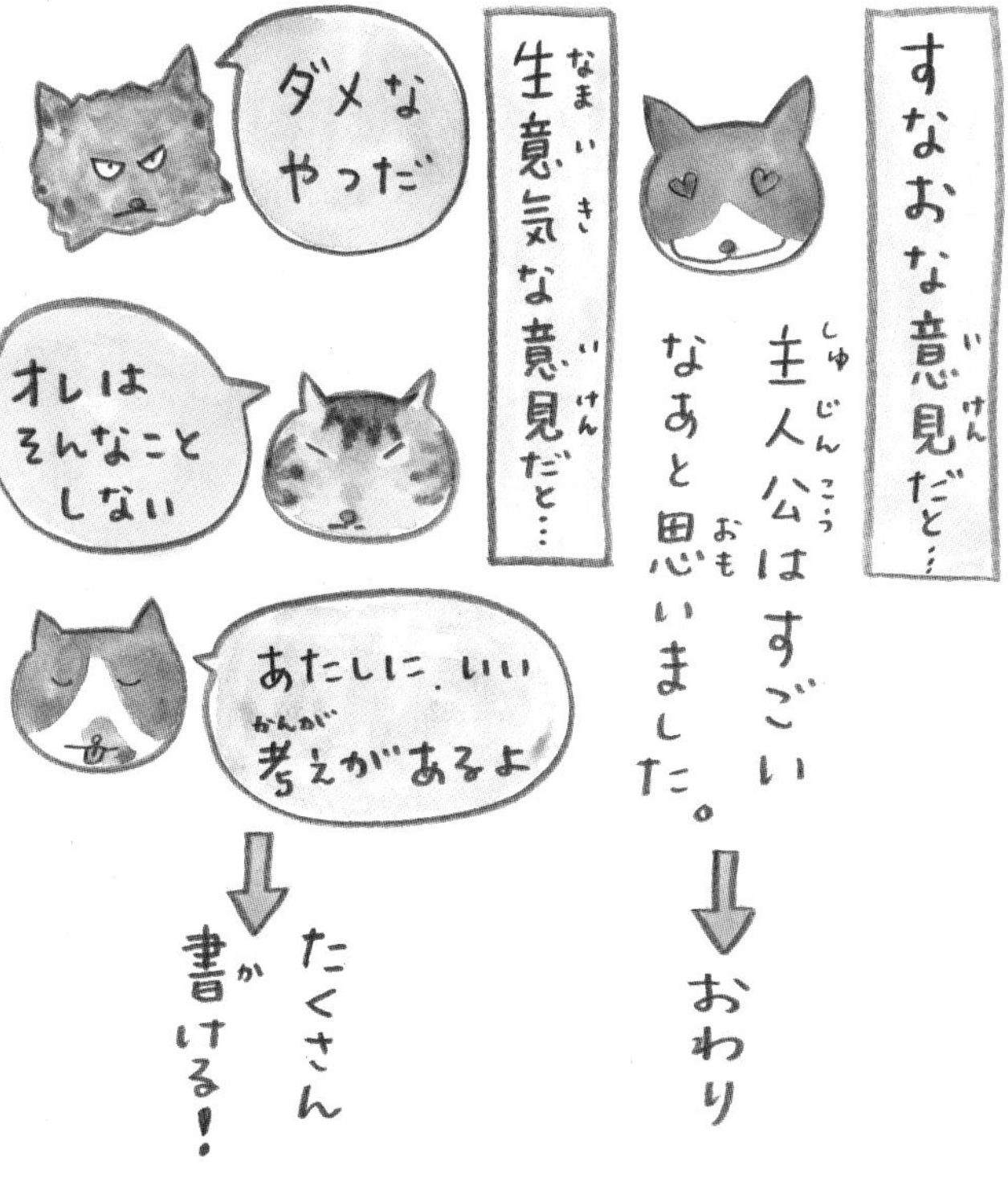

こういう生意気な考えがうかんだら、しめたものです。後は、その生意気な考えを、作文を読む人に納得してもらえるよう、たくさんの例を挙げたりして説明します。

　私は「失礼なことを書こう」と勧《すす》めているわけではありません。ごく自然にうかんだ自分の生意気な意見を大事にして、それを正直に文章にしてほしいのです。

具体例を集めて文章を書こう

原稿《げんこう》用紙3枚ぐらいの作文を書き始めて、1枚ほど書いたところで、もう書くことがなくなってしまった。ああ、どうしよう、となやんだことはありませんか。

解決は簡単です。書くことがなくなるのは、具体例を集めていないからです。たくさん例を集めれば、文章は書き進められます。

具体例とは、たとえばこんなものです。私は夏目漱石《なつめそうせき》「坊《ぼ》っちゃん」について、「主人公は人とのつきあい方がへた」と言いました。どうしてそう思ったのでしょうか。

主人公の新任教師は、中学生たちにからかわれます。そばを4はい食べた翌日、教室の黒板にそれを冷やかす落書きがあり、主人公はおこります。でも、そこで「君たち、よく見ているね」と笑えば、生徒たちと仲よくなれたかもしれません（具体例1）。

また、主人公は、きらいな同僚《どうりょう》の先生たちからつりにさそわれて、ついて行きます。せっかく行ったのに、つりをしている間、ずっと無愛想です。でも、相手をいやな気持ちにさせない

この夏《なつ》は、とてもねむかったです。おわり。
じゃなくて、たとえば…
プールに行《い》ったらつかれてねむくなったり。
とうもろこしでまんぷくになってねむくなったり。
ねこがねているのを見《み》て、ねむくなったりした。

ことは礼儀《れいぎ》です（具体例2）。

……と、今、私が示したのが具体例です。こういう例をいくつか出せば、読んでいる人は、主人公が「つきあい方がへた」ということがよく分かるはずです。原稿用紙のます目も、どんどんうまっていきます。

　長い文章は、多くの具体例に支えられています。書いている途中《とちゅう》で困ったら、例が足りないのではないか、と考えてみましょう。

タイトルはやっぱり最初に

作文が途中《とちゅう》で行きづまらないためには、最初に言いたいことを短く表したタイトルを決めておくのがいい。そんな話を書いたら、「タイトルは最後に書くのがいいのでは？」という質問を受けました。

書いている文章の内容が、途中から予定と変わり、思わぬ方向に行くことがあります。予想しない結論になることも！　先がどうなるか分からないので、タイトルは最後に書く。そういう人もいます。

でも、その書き方は、地図も持たずに宝探しに行くようなものです。うまく宝（結論）が見つかればいいけれど、道に迷ったら大変。作文の途中で遭難《そうなん》しないためには、まず内容をよく考えて、タイトルを決めます。タイトルこそが、地図やコンパスになります。

イラスト担当の金井真紀《かないまき》さんは、昆虫《こんちゅう》がきらいで、直す方法を知りたいと思いました。昆虫や心理学など、いろいろな専門家に話を聞いて、一冊の本にまとめました。タイトルは『虫ぎ

どんな本《ほん》を書《か》こうかな…
やっぱり虫《むし》はキライ!!
虫《むし》はともだち
それじゃあ本《ほん》を書《か》くいみがない…。
うーん、ウソくさい…。
それでこのタイトルになりました。
虫《むし》ぎらいはなおるかな？

らいはなおるかな？』（理論社）です。

虫ぎらいを直す方法を知りたい。この目的が、タイトルにはっきり表れています。このタイトルは最初に決めたのだそうです。

もし最後までタイトルを決めなかったら、本を書いている途中で、「虫っていやだなあ」「虫よけの方法」など、話が変なほうに行ってしまったかもしれません。最初に決めたタイトルを頭に置いて書いたので、分かりやすく、面白い本ができたのです。

詩って、一体何だろう？

国語の授業では詩を習います。小学1年生の時からたくさん習います。詩って、一体何でしょう。あなたには説明できますか。

ちょこちょこと、たくさん改行してある文章？　花や鳥を人間にたとえたりする、童話っぽい文章？　そういう部分もありますが、それだけでは詩とは言えません。

私も小学生のころ、宿題などで詩を書くことがありました。書き方が分からないまま、改行の多い、童話っぽい文章を書いていました。たとえば、3年生の時、バレン（版画に使う道具）についての詩を書きました。

「ここに、図工のとき使った、一つのバレンがある。／ふと、うらを見ると、／青いえのぐが、一めんにうすくついている。／こんなについてて、かわいそうだなあ。／赤いえのぐも、ちょっぴりついている。／ないているみたいだ」（／は改行）

当時の自分自身には悪いけれど、これは、あまり詩という感じがしません。ふつうの文章をたくさん改行しただけです。

詩とは何か、私は大人になっても分からず、考え続けました。今では、私なりの答えを持っています。それはこうです。

「自分の気持ちや感動をそのまま書くだけでは他人に分かってもらえない、と思ったとき、ことばの響《ひび》きやリズム、イメージの力を借りて表現する作品」

えっ、かえって分からなくなったって？　では次回、もう少し説明しましょうか。

世界《せかい》にはたくさんの詩《し》がある
つけもの石《いし》の詩《し》
きらいな先生《せんせい》の詩《し》
わたせなかった手紙《てがみ》の詩《し》
おならの詩《し》

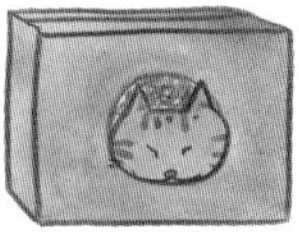

詩は、ことばで遊ぶもの

詩って、一体何だろう。それを考えるのに最適な作品が、２０１９年の春、ツイッターで話題になりました。小学5年生の男の子が書いた「春の大山《おおやま》」という作品です。

「あったかいし6時だ。／サンテレビを見よう。／西《にし》のピッチングに、近本《ちかもと》のヒット。／でもこれがいちばん、春の大山。／ホームランに、ヒット　たまにダブルプレイ。／まあまだ春だから。／春の大山／打つんだ。」（以下略）

これはまちがいなく詩です。その理由は「ことばの遊び方」にあります。

まず、ことばのイメージで遊んでいます。「春の大山」という題からは、春の景色がイメージされますが、「大山」は、実は野球選手の名前。だまされた！　それでも、春の山のおだやかなイメージが、読者の心に残ります。

それから、ことばの響《ひび》きやリズムで遊んでいます。「西のピッチングに、近本のヒット」のように並べる言い方。また、「大山のプレーが一番だ」ではなく「これがいちばん、春の大山」と、

7音・7音を続ける言い方。音読すると、リズミカルで心地よくなります。最後の「打つんだ」という短いことばには、ファンの願いがこもっています。

詩というのは、こんなふうに「ことばで遊ぶ」ことが大事です。楽しい詩も、悲しい詩も同じ。まじめな内容でも、ことばは遊んでいなくてはなりません。「遊び半分で詩を書いていいの!?」と思うかもしれませんが、詩では、これが一番大事なのです。

曲をひたすら説明する詩

詩は「ことばで遊ぶ」ことが大事だ、と言いました。遊んで詩を書いたりして、いいのかな？

もちろんです。ことばで遊べば遊ぶほど、その詩はいい詩になります。

こんな遊び方もできる、という例を紹介《しょうかい》しましょう。岡崎体育《おかざきたいいく》さんの「Explain《エクスプレイン》」という曲。

これは歌詞ですが、歌詞も詩のひとつです。この詩ときたら、この曲が最初にどんな調子で始まって、次にどんなふうに変化していくか……と、ひたすら説明するだけなのです。

「ゴリゴリのイケてるイントロ終わってここがAメロ／わりと気持ちよく歌い上げる感じで」

今歌っている曲そのものの説明です。最初、聴《き》く人は思わず笑ってしまいます。でも、だんだんと引きこまれていきます。それは、詩の内容を聞くうちに、歌っている人の一生懸命《けんめい》な気持ちが伝わってくるからです。

だれでも、歌うときは「ここのメロディーは難しい」「さあ、サビの部分だ、みんな聴いてくれ！」などと、いろんなことを思います。その思いをそのままことばにする遊び。それが、

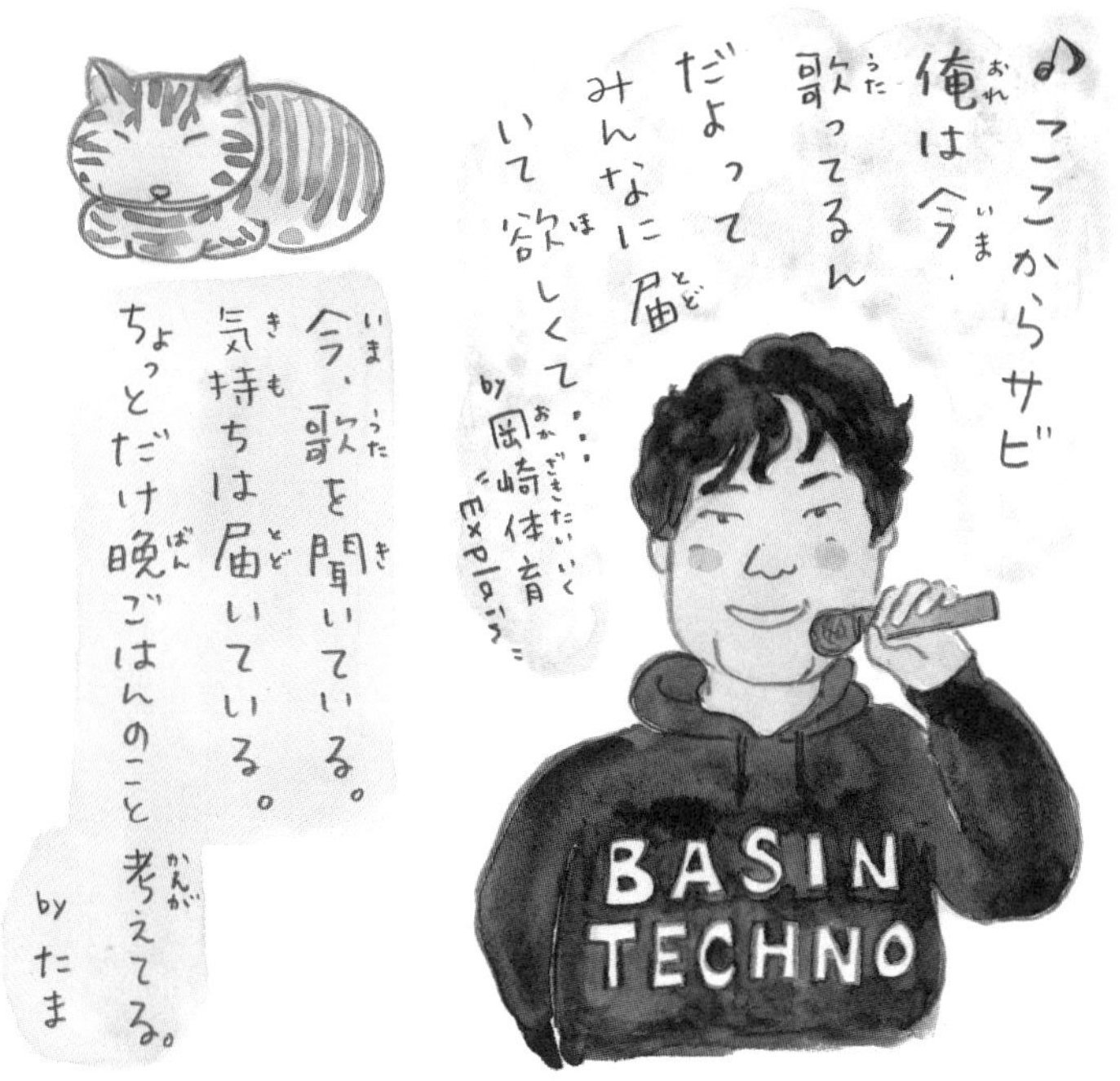
♪ここからサビ
俺《おれ》は今《いま》、
歌《うた》ってるん
だよって
みんなに届《とど》
いて欲《ほ》しくて…
by 岡崎体育《おかざきたいいく》
BASIN
TECHNO
今《いま》、歌《うた》を聞《き》いている。
気持《きも》ちは届《とど》いている。
ちょっとだけ晩《ばん》ごはんのこと考《かんが》えてる。
by たま

すぐれた詩になりました。

実は、私も小学生のころ、「今、僕《ぼく》は詩を書いている」という詩を書いたことがあります。ただ、その詩は「今半分書けた」「もうそろそろ終わりだ」と進行状況《じょうきょう》を書くだけで、変化がありませんでした。岡崎さんの詩に比べて、遊び方が足りなかったと思います。

意味をこわしてしまった詩

詩で一番大事なのは、ことばで遊ぶこと。ことばで遊ぶためには何をしてもOKです。ことばの意味をこわしてもいいんです。

中原中也《なかはらちゅうや》という詩人が書いた「春の日の夕暮《ゆうぐれ》」という詩の最初を読んでみましょう。あなたには意味が分かりますか。

「トタンがセンベイ食べて／春の日の夕暮は穏《おだや》かです／アンダースローされた灰が蒼《あお》ざめて／春の日の夕暮は静かです」

なんだこりゃ!?　ちっとも分からん。「トタン」は、トタン屋根のことでしょう。波打った形の金属の板でできた屋根です。屋根がセンベイを食べるなんてありえない。

もしかすると、トタン屋根ににわか雨が降って、バラバラと音がしたのかもしれません。それがセンベイを食べる音に似ていたのかな。これは私の想像です。読む人によって、どんなふうに考えてもかまいません。

「アンダースロー」は、ボールを下から投げることです。見えない野球選手が空に灰を投げたように、夕暮れがやってきた？

ふしぎなことに、詩の意味は分からないのに、作品を読むうちに、なんとなく楽しくなってきます。これが詩の力です。理屈《りくつ》をぬきにして、ことばの響《ひび》きやイメージを楽しんでほしい。それが作者のねらいでしょう。

「この詩の意味は何ですか」と聞くテストは、まさかないでしょう。でも、もし聞かれたら、自分なりの想像を答えていいのです。それがこの詩の読み方です。

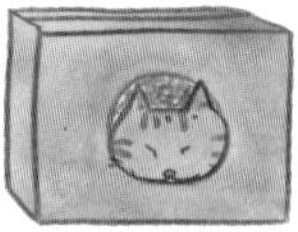

詩を書く宿題、どうすれば？

学校で「詩を書きなさい」という宿題が出ることがあります。そんなこと急に言われても、困ってしまいますね。

詩とは、ことばで遊ぶものだから、「ことばの遊び方」を考えればいい。私がこれまで紹介《しょうかい》した詩も参考になるはずです。でも、そっくりまねするわけにはいかないし……。

困ってしまったあなたに、一番簡単な「ことばの遊び方」を教えましょう。それは、「決まった音数で書く」ということです。

たとえば、午前中の授業を受けながら、こんなことを思ったとします。

「今日の給食はどんなメニューが出るんだっけな。カレーライスだったかな、それとも、オムライスだったかな」

これは詩ではありません。でも、音数に気をつけて書くと、詩に近くなります。

「今日の給食なんだっけ　カレーそれともオムライス　からあげまたはハンバーグ」

今日《きょう》の給食《きゅうしょく》なんだっけ
カレーそれとも オムライス
からあげ または ハンバーグ
さばのみそ煮《に》か 肉《にく》だんご
プリン 毎日《まいにち》 あればいい！

「7・5・7・5……」の音のまとまりを続けています。これだけでも、声に出して読むと、楽しくなってくるからふしぎです。「決まった音数で書く」というのは、ことばで遊ぶための強力な方法のひとつです。

昔の日本では、和歌や俳句がさかんでした。和歌は「5・7・5・7・7」、俳句は「5・7・5」と、決まった音数を続けるのが特徴《とくちょう》です。和歌や俳句はふつう「詩」とは言いません。でも、音数を使って遊んでいるので、実は、どちらも詩の一種なのです。

発音をそろえて詩を書こう

自分で詩を書くとき、ことばでどうやって遊べばいいのか。その方法のひとつに「発音をそろえる」というものもあります。

「ソーダ屋のソーダさんがソーダ飲んで死んだそうだ」

私が子どものころに口ずさんだ文句です。ことばの区切りの部分が「ソーダ」でそろっています。詩にしてはちょっと単純ですが、リズムのいい文句になっています。

詩人の谷川《たにかわ》俊《しゅん》太郎《たろう》さんは、これをとことんまでやってみました。「いるか」という詩では、海の「イルカ」と、「居《い》るか」ということばをくり返しています。

「いるかいるか／いないかいるか／いないいないいるか／いつならいるか／よるならいるか／またきてみるか」

それぞれの文句の最後が「るか」でそろっていますね。このように、最後の発音をそろえることを「脚韻《きゃくいん》を踏《ふ》む」と言います。

YO! YO!
今日《きょう》は宿題《しゅくだい》したくない
でも しなきゃ 成績《せいせき》 あがらない
やる気《き》になれる おまじない
効《き》くのは わずか 5分以内《ぷんいない》
イェイ!
飯間浩明《いいまひろあき》
自作《じさく》のラップより
IIMA

ラップでは、脚韻を踏む歌詞が多いんです。ヒップホップの二人組、Creepy《クリーピー》 Nuts《ナッツ》の曲「板の上の魔物《まもの》」には、こんな部分があります。

「何か起こりそうな予感／研《と》ぎ澄《す》ませテメェの五感／無冠《むかん》の帝王《ていおう》じゃ終われへん／成し遂《と》げてから死ななアカン」

ここでは「予感」「五感」「終われへん」「アカン」と、全部の文句が「ン」で終わっています。「終われへん」以外は「カン」という発音で脚韻を踏んでいるのです。

「縁のあることば」を使ってみる

海でサーフィンをする人（サーファー）に聞いてみました。調子はどうですか？

「調子には波がありますね。チャンスの風が吹《ふ》いてこない時期もありましたが、今後は、潮の変わり目（状況《じょうきょう》の変化）をうまくとらえて、がんばります」

サーファーだけに、調子に「波」があるそうです。それだけではありません。「風」「潮」も、サーフィンに関係のあることばです。この人は、ことば遊びで答えたのです。

こんなふうに、ことば遊びに使う、意味的に縁《えん》のあることばを「縁語」と言います。

縁語は昔の和歌や俳句でよく使われました。たとえば、花の好きな人が失恋《しつれん》して、「ああ、私の恋《こい》は散ってしまった、心がしぼむなあ」という意味の和歌をよむ、というふうに。「散る」や「しぼむ」は、花に関係のあることば、つまり、花の縁語なのです。

詩を書くときにも、縁語を使ったことば遊びをしてはどうでしょう。おすしが好きな人なら、たとえばこんなのはどうですか。

父《とう》さんの
ツルのひと声《こえ》、
温泉《おんせん》へ 親子《おやこ》は
飛《と》び立《た》つ。
母《かあ》さんは はねをのばして
「けっこう、けっこう」
わたしは… カラスの行水《ぎょうずい》。

「とろけるような　あじわい深さ　えびぞるよう　な　たいしたうまさ　さばいたさかな　いかにも新鮮《しんせん》　かつおいしいよ　あわわびっくり　さあ問題だ　いくらするかな　高《たこ》うはないよ」

トロ・アジ・エビ・タイ・サバ・イカ・カツオ・アワビ・サーモン・イクラ・タコを集めました。えっ、だじゃれだって？　いえ、これも縁語の応用なんです。

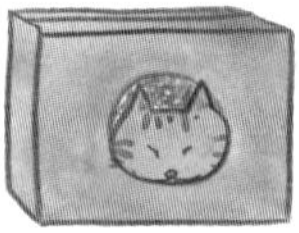

詩は、やっぱりことば遊び

これまで「詩はことば遊びだ」と説明してきました。ことばの響《ひび》きやリズム、イメージを使って遊ぶことで、自分の気持ちや感動を表現する。それが詩です。

とはいっても、まだ不安に思う人もいるかもしれません。ことばで遊ぶのもほどほどにしておかないと、読む人に気持ちや感動を伝えられないんじゃないかな?

そんなことは、けっしてないんです。これ以上ないほど、ことばで徹底《てってい》的に遊んでいる詩を読んでみましょう。草《くさ》野《の》心平《しんぺい》の「おれも眠《ねむ》ろう」という詩です。

「るるり／りりり／るるり／りりり／るるり／りりり／るるり／るるり／りりり／るるり／るるり／るるり／りりり／――」

これで全部です。「えっ、何のこと?」と思いますよね。実は、これは2ひきのカエルの鳴き声です。「りりり」と鳴くカエルが、しだいに眠くなって寝《ね》てしまいます。「るるり」と鳴くカエルはちょっとさびしくなって、「おれも眠ろう」と思ったのです。

ぎゃわろッ
ぎゃわろッ
ぎゃわろろろろりッ
わひ　わひ　わひ
びがんく　びがんく
がっがっがりりき
るるり
りりり…
草野心平《くさのしんぺい》の詩《し》に
出《で》てくるカエルの鳴《な》き声《ごえ》

草野心平という人は、カエルがとても好きでした。あまりに好きすぎて、カエルの鳴き声を使った詩を多く作りました。この詩も、カエルの鳴き声だけなのに、カエルたちのユーモラスな様子がよくえがかれています。

単にことばで遊んでいるようでありながら、読む人をいつの間にか楽しい気持ちや、悲しい気持ち、ほっとする気持ちにさせる。詩というのはふしぎなものです。

第7章

◆時代は変わっていく◆

「頭文字」で省略する方法

仕事を「なるべく早くやってください」と頼《たの》みたいとき、「なるはやでお願いします」と言う人がいます。「なるべく」「早く」から2文字ずつ取って省略したのです。

英語では「アズ・スーン・アズ・ポッシブル」(as soon as possible＝できるだけ早く)と言います。これを縮めて「ＡＳＡＰ《エーエスエーピー》」とも言います。

英語で略語を作る場合、このように、単語の頭文字《かしらもじ》だけを取って並べるのがふつうです。これを「頭文字略語」と呼びます。

頭文字略語が便利なのは、どんなことばでも省略できるという点です。

「ＳＤＧｓ《エスディージーズ》」という略語を知っていますか。２０１５年に国連で決まった目標で、「持続可能な開発目標」という意味の英語を省略したものです。「世界から貧困をなくす」「飢餓《きが》をなくす」「すべての人に健康と福祉《ふくし》を」など、全部で17の目標を示しています。どれも、とても大切な目標です。

日本語では、「持続可能な開発目標」のようなフレーズは、うまく省略できません。じぞかい？　持《じ》可《か》開《かい》目《もく》？　何か変ですね。その点、英語だと、自然にＳＤＧｓと省略できます。最後の「ｓ」は、目標が17あるので、複数形を表しています。

国際化が進むにつれて、海外からたくさんの頭文字略語が入ってきます。これが分かれば世界が分かります。新しく知った略語は、ぜひ意味を調べてみましょう。

サステナブル
Sustainable
デベロップメント
Development
ゴールズ
Goals

「性的少数者」を表すことば

少し前まで、男性同士、女性同士が恋愛《れんあい》することは、ひどいからかいや差別の対象になりました。テレビでも、同性の恋愛を笑いものにすることがありました。人を好きになる気持ちは止められないのに、笑われたり差別されたりするのは、とてもこわいことです。

また、男性として生まれても、心の中では自分を男性と思えない人がいます。女性にも同様の人がいます。「自分が心の中で思う性別で生活したい」と望むのは自然です。でも、からかいや差別のおそれがあっては、それを言い出せなくなります。

２０１５年前後から「ＬＧＢＴ《エルジービーティー》」ということばが知られるようになりました。「Ｌ」は女性の同性愛者。「Ｇ」は男性の同性愛者。「Ｂ」は男性も女性も好きになる人。「Ｔ」は生まれた時の性と心の性がちがう人。それぞれ、英語の頭文字を取った略語です。日本語では、これらに代表される人々を「性的少数者」と言います。

「ＬＧＢＴ」ということばが広まったこともあって、恋愛や性別のかたちは人によっていろいろだということが理解されるようになりました。新しいことばによって、人は考え方を変えることができるのです。

「LGBT」に「どれとも決まらない人」という意味の「Q」を加えて「LGBTQ」とも言います。でも、ふだんは「LGBT」と言っていいでしょう。恋愛や性別のタイプは多いけれど、それを「LGBT」の4文字で代表しているのです。

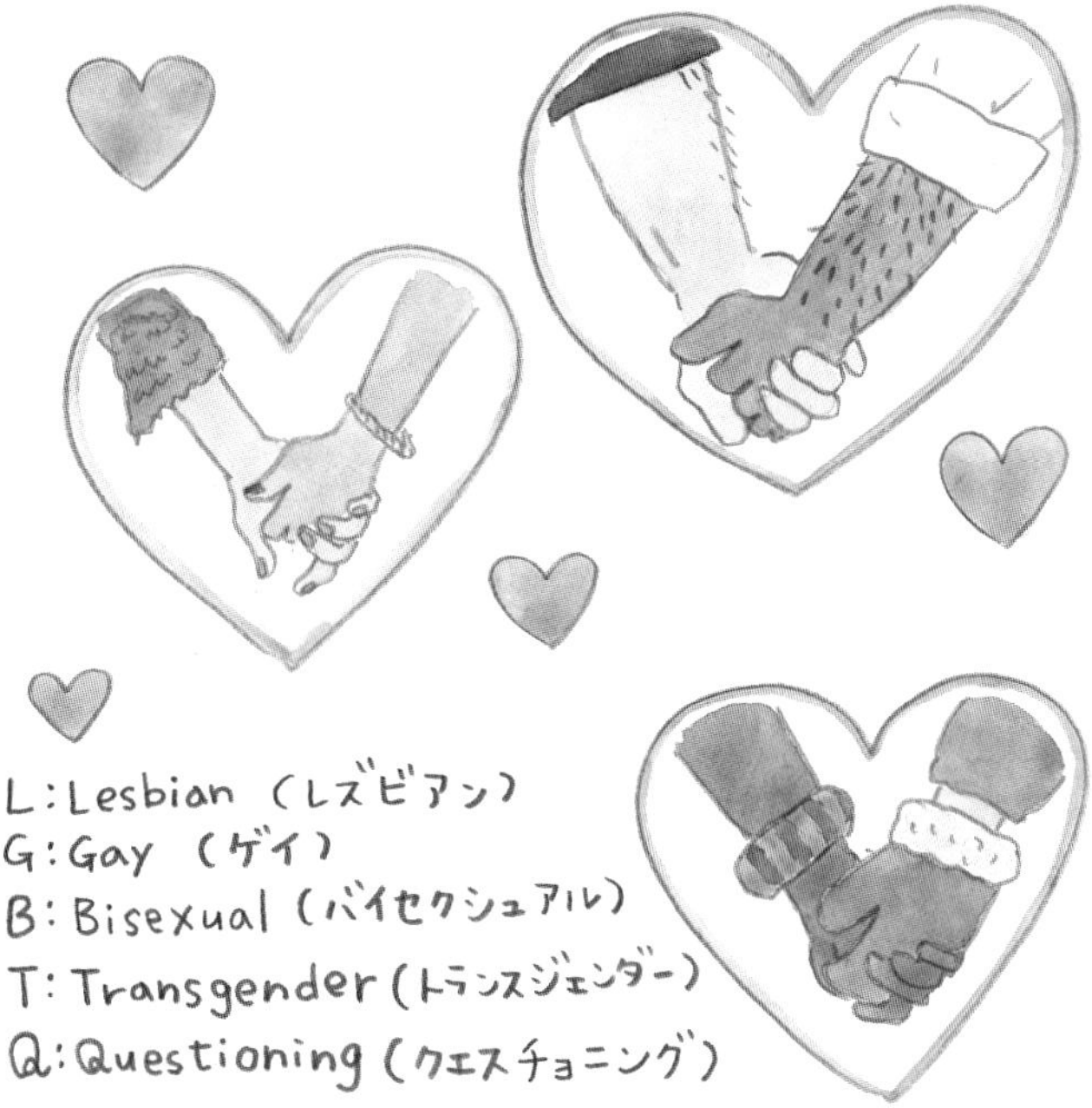
L:Lesbian (レズビアン)
G:Gay (ゲイ)
B:Bisexual (バイセクシュアル)
T:Transgender (トランスジェンダー)
Q:Questioning (クエスチョニング)

「ＢＬＭ」を日本語にすると

自由と民主主義の国・アメリカ合衆国（米国）は、一方では、根強い人種差別が残っている国でもあります。人々の努力によって、少しずつ差別は解消してきましたが、深刻な差別に苦しんでいる人も多いのです。

２０２０年5月、米国で白人警察官に首をおさえつけられた黒人男性が亡くなりました。「黒人の命が軽くあつかわれている」と抗議《こうぎ》の声が広がり、人種差別に反対する「ＢＬＭ」という社会運動に火がつきました。

「ＢＬＭ」は「Black《ブラック》 Lives《ライブズ》 Matter《マター》」の頭文字略語です。「ブラック・ライブズ」は「黒人の命」、「マター」は「大事だ」という意味です。

日本語では「黒人の命も大事だ」と訳されることがあります。でも、「黒人の命も」では、何かつけ足しのようです。「白人の命は大事だ、黒人の命も大事だ」と、黒人の命を2番目につけ足している感じがします。

「黒人の命は大事だ」と訳すこともあります。「命は」ならよさそうに思えますが、「じゃあ、ほかの人種の命は大事ではないの？」と疑問を持つ人もいるでしょう。

元の英語では「は」「も」のような助詞は使いませんが、日本語では使います。それで、うまく翻訳《ほんやく》するのは難しいのです。

いっそのこと、「は」「も」を使わずに訳してはどうでしょう。「黒人の命、大事だろ！」。私には、これが一番、元の英語に近いような気がします。

「コロナ」か？「コビッド」か？

２０２０年、新型コロナウイルスが世界中に感染を広げました。つらい状況《じょうきょう》は、人々の予想以上に長く続くことになりました。

病気の名前は、初めは「新型肺炎《はいえん》」と言われました。でも、ウイルスによる症状《しょうじょう》は肺炎だけではありません。それで、正確には「新型コロナウイルス感染症《しょう》」と言います。一般《いっぱん》には「コロナ」とも略します。

このウイルスは、表面にたくさんのイガイガがついています。これが、太陽を取り巻くガス（＝コロナ）のように見えるので、この名前がつきました。

感染症が広まると、「コロナ」という名前のお店、人々などがいやがらせを受けるようになりました。ウイルスとたまたま同じ名前だからいやがらせをするなんて、ひどい話です。「コロナ」は、もともと太陽のイメージのある、とてもいい名前なのに。

世界保健機関（ＷＨＯ《ダブリューエイチオー》）では、この病気を「ＣＯＶＩＤ《コビッド》－19」と言います。これは「コ

ロナウイルス感染症」の英語「coronavirus《コロナヴァイラス》 disease《ディズィーズ》」の一部の文字を取って、2019年に発生したので「19」をつけたのです。

「コロナ」の代わりに「コビッド」と呼べば、迷惑《めいわく》する人は減るかもしれません。でも、それより大事なのは、同じ名前でもいろいろな意味があると知ることです。「コロナ」には、太陽のガスの意味、ウイルスの意味などがあり、それぞれ別なのです。

警察でもないのに「○○警察」

新型コロナウイルスの感染拡大にともなって、コロナ関連の新語がたくさん生まれました。「3密」（密閉・密集・密接）、「ソーシャルディスタンス」（社会的距離《きょり》）、「クラスター」（感染者集団）などのことばが、くり返し耳に入ってきました。

昔からあったことばが、このコロナ禍《か》（コロナの災難）をきっかけに、新しい意味で使われるようになった例もあります。

そのひとつが「警察」です。警察といえば、もちろん、社会の安全を守るために活動する公共機関のことです。ところが、その資格もないのに、警察気取りで他人を取りしまろうとする人々が出てきました。

たとえば、感染拡大を避《さ》けて、みんなが行動を自粛《じしゅく》しはじめたころのこと。開いている店をおとずれて「営業を自粛してください」とはり紙をしたりする人が現れました。「自粛警察」と言われました。

ほかにも、事情があってマスクを外している人を攻撃《こうげき》する「マスク警察」、休暇《きゅうか》中に帰省する人を攻撃する「帰省警察」などがいました。だれもがいらいらして、他人を許せなくなってしまったのでしょうか。

以前から、人のマナーを注意する「マナー警察」、ことばづかいをとがめる「日本語警察」などがいました。コロナ時代に、そういう「警察」が一気に有名になったわけです。他人を攻撃するより、自分の役目を果たすことに力を注ぐべきでしょう。

「リモ映えする」って新しい

「コロナ時代」になって、企業《きぎょう》などでは「テレワーク」を進める所が増えました。「テレ」は遠距離《えんきょり》、「ワーク」は仕事。つまり、会社に行かないで、自宅などでインターネットを使って仕事をすることです。

これと似たことばで「リモートワーク」も使われるようになりました。「リモート」は遠くはなれていることで、「テレ」とほぼ同じ。ただ、「リモート」は「リモートで働く」「リモートで会議する」のように、いろいろ使えます。

コロナの影響《えいきょう》で、学校でもインターネットを使った「オンライン授業」を取り入れはじめました。「オンライン」とは、ネットにつないでいるということ。この場合も「リモート授業」と言うことがあります。

「リモート」は、以前は「リモートコントロール」（リモコンのこと）ぐらいでしか使いませんでした。でも、今では「リモート飲み会」（ネットでみんなを結んで行う飲み会）、「リモー

ト帰省」（故郷の家族とネット上で会うこと）などのことばが増えました。

「リモート飲み会」は略して「リモ飲み」とも言います。リモート飲み会で映りのいいメイクを「リモ映《ば》えするメイク」とも言います。「リモ」は愛用されています。

コロナ時代は、多くの人が密集しては困る時代です。「リモート」ということばは、そんな時代に必要とされて、あちこちで使われるようになりました。大変な時代をよく表すことばのひとつです。

「能力がレベチ」って何？

「あの人と自分とは、能力がレベチだ」。こんな言い方が、最近増えてきました。

「レベチ」は「レベルがちがう」の略。２０１５年に「ギャル流行語大賞」のトップテンに入ったことばで、19年ごろにはかなり広まってきた印象です。「レベチに面白い」「マジでレベチの痛さ」などとも言います。

レベルのちがいが大きくなると、「ジゲチ」になります。これは「次元《じげん》がちがう」の略。しろうととプロぐらいの大きなちがいがある、ということです。もっとも、「レベチ」に比べてあまり使われません。

「レベチ」と似た言い方が、実は昔にもありました。「ダンチ」です。集団住宅の団地ではありません。「段《だん》ちがい」、つまり、大きくかけはなれていること。昭和の初めの小説には「昔とダンチに歌がうまくなっている」などと出てきます。

「ダンチ」は、現代の若い人は聞いたことがないかもしれませんが、１９８０年代までは、若

者向けの小説にも使われていました。息の長いことばでした。

　今では、「ダンチ」はさすがに古くなりました。でも、「差がすごく大きい」ということを、簡単に表現することばがほしい。それで、「レベチ」が現れたのです。

　「レベチ」を使い始めた人は、「ダンチ」を知らなかったかもしれません。ぐうぜん、昔のことばと似た言い方を発明したのだとしたら、面白いですね。

「にわか」はばかにする意味？

「にわか」と言うことばは、「空がにわかにくもってきた」のように、急にそうする、そうなる様子を表します。「にわか雨」と言えば急に降る雨、「にわか勉強」と言えば、その時だけ急にやる勉強のことです。

あるアイドルのファンになったばかりの人は「にわかファン」。もちろん、スポーツやアニメの「にわかファン」もあります。

21世紀になったころから、インターネットの掲示板《けいじばん》では、長年のファンが、「にわかファン」を単に「にわか」と呼んでばかにすることがありました。「お前、にわかだな」のように言うのです。失礼ですよね。

ところが、2019年ごろには、「にわか」の意味合いが少し変わってきました。ラグビー・ワールドカップ日本大会が開かれ、急にラグビーファンが増えました。すると、昔からのラグビーファンは、「にわかが増えてくれるとうれしい」のように、「にわか」を悪い意味ではなく

使いました。

ばかにする意味だったことばが、いつの間にか、悪い意味ではなく使われるようになることがあります。「オタク」もその例で、元のけなす意味がうすれてきました。「にわか」も、ばかにする意味も残っていますが、悪気なく使うことも多くなりました。

新しい意味の「にわか」は、私たち辞書を作る人が選ぶ「今年の新語」というイベントで上位に入選しました。将来は、この意味が国語辞典にのるかもしれません。

◆みんなに優《やさ》しいことば◆

「看護婦さん」と「看護師さん」

病院で、年配の人が「看護婦《かんごふ》さん」と呼びかけていることがあります。だれのことでしょう。

もちろん、「看護師《かんごし》さん」です。

患者《かんじゃ》の世話をするナースのことは、明治時代から「看護婦」と呼ばれてきました。「婦」は女性のこと。この仕事をするのは女性が多かったため、「婦」がつきました。

でも、患者の世話をする仕事は男女ともにできます。男性は「看護士」と言っていましたが、男女で呼び分ける必要もありません。それで、２００２年から、男女とも「看護師」と言うようになったのです。

以前は、お産を助ける女性は「助産婦《じょさんぷ》」、保健の指導をする女性は「保健婦《ほけんふ》」など、女性だけの呼び方がありました。これらも、「看護師」と同時に、性別を表さない「助産師」「保健師」に変わりました。

これと同じことが、飛行機の乗務員にもありました。以前は、女性の客室乗務員を「スチュワーデス」と言いました。男性は「スチュワード」です。でも、男女で呼び分けるのは、やっぱりおかしいですね。

　1980年代後半から、航空会社は「キャビンアテンダント」（CA《シーエー》）などの名前を使いはじめました。でも、みんなが使うようになったのは21世紀になってからです。

　昔からの呼び名には、愛着を持っている人もいます。それでも、「男女でちがうのはおかしい」と、多くの人が思いはじめました。人々の考えはゆっくり変わるのです。

「女弁護士」と呼ばなくても

１９７８年から92年まで、ほぼ毎年1回放送された「女弁護士《おんなべんごし》　朝吹里矢子《あさぶきりやこ》」というドラマがありました。もちろん、女性の弁護士が活躍《かつやく》する話です。

今考えるとふしぎです。男性の弁護士を「男弁護士」とは言わないでしょう。でも、女性の弁護士がドラマになると「女弁護士」とタイトルがついたのです。

昔は女性看護師を「看護婦」、男性看護師を「看護士」と男女で呼び分けました。一方、弁護士は、昔から男女とも「弁護士」が正式な名前です。なのに、女性の場合だけ「女弁護士」と呼ぶ人が多くいました。

同じように、男性の警察官はそのまま「警察官」なのに、女性は「婦人警官」。また、男性の医師は「お医者さん」なのに、女性は「女医さん」と呼ぶことがごくふつうでした。女性がこういった仕事につくことが、とてもめずらしがられたのです。

たしかに、昔は女性が選べる仕事が限られていました。弁護士の場合、女性が1割もいない時代が長く続きました（今でも2割ぐらいです）。だからといって、女性だけ特別の呼び方をする必要はないはずです。

先ほどのドラマは、その後、2001年からのシリーズでは「弁護士　朝吹里矢子」とタイトルが変わりました。21世紀には、「女〇〇」は変だと思う人が多くなったのです。第一、「里矢子」という名前で、女性だということはちゃんと分かりますね。

男《おとこ》も女《おんな》も、やりたいことをやったらいいね。
相撲《すもう》
新体操《しんたいそう》

「少年」「少女」と言う理由は？

幼児より年上で、青年より年下の年ごろの子を「少年」と言います。特に男の子を指します。女の子は「少女」です。

なんだかバランスが悪いですね。「少女」の反対は「少男」ではありません。「少女」のほうだけ性別を表しています。

ほかにも似たようなことがあります。男性を「彼《かれ》」と言うのに対し、女性は「彼女《かのじょ》」です。才能のある人を「才人《さいじん》」と言いますが、女性は特に「才女《さいじょ》」と言います。そうそう、「王様」の反対は「女王様」です。どれも、女性のほうだけ性別を表しています。

なぜこうなったのでしょう。おそらく、これらのことばを作ったのが男性だったからです。男性は、自分たちのことはわざわざ「男」と呼ばず、女性のほうだけ、区別するために「女」をつけたのです。

英語では、自分のことを他人から「he《ヒー》」（彼）とか「she《シー》」（彼女）とか、性別を区別して呼

くだものの女王《じょおう》
マンゴスチン
くだものの王様《おうさま》
ドリアン
べつに男《おとこ》でも女《おんな》でもないんだけどな…
でも、なんとなくうれしいよね
だね
うふふ

ばれたくない人が増えています。それで、「彼ら」を表す「they《ゼイ》」を、個人に使うことも多くなりました。日本語の場合は、「彼」「彼女」でなく「あの人」と言えばいいので、話は簡単です。

実は、法律で「少年」と言うと、男の子も女の子もふくみます。だから、本当は、女の子も自分たちのことを「少年」と言っていいのです。男の子だけを指すときは、「少男」という新しいことばを作って、使ってみるのも面白いかもしれません。

「男らしい」なんて、ないと思う

のどがかわいたので、コーラを飲んだ。そんな話をしたら、聞いていた女性に「男の人ってコーラが好きですね」と言われたことがあります。なんだかへんな気がしました。

たしかに、ある調査によると、コーラを飲む人は、女性より男性のほうが少し多いそうです。でも、それよりも、あまり飲まない男性のほうが多いのです。「男性はコーラが好き」というのはまちがいです。

「そんなことを言われたくらいで、いちいちおこらなくても」と思われそうですね。いや、おこっているわけではありません。私たちは、あやふやな根拠《こんきょ》に基づいて、「男はこうだ」「女はこうだ」と決めつけることが多い、と言いたいのです。

男性のあなたが、趣味《しゅみ》は鉄道だと自己紹介《しょうかい》したら、「男性って鉄道が好きですね」と言われました。くやしいことがあって泣いていたら、「男性なのに、なぜ泣くの」と言われました。へんな気はしませんか。

鳥《とり》なのに 飛《と》ぶのが きらい
男《おとこ》なのに 声《こえ》が小《ちい》さい
うん
女《おんな》なのに ぎょうぎが悪《わる》い
「○○なのに」はよけいだね
日本人《にっぽんじん》なのに 寿司《すし》は食《た》べない

女性のあなたが、赤い服を着ていたら、「女性って赤い服が好きですね」と言われました。腹が立つことがあってどなったら、「女性なのに、なぜどなるの」と言われました。やっぱりへんでしょう。

あなたは自分が男性だから（女性だから）行動しているのではありません。あなたはあなたらしく行動しているだけです。「男らしい」「女らしい」なんて、実はないんじゃないでしょうか。そう思いませんか。

論争になった「お母さん食堂」

大手コンビニの商品に「お母さん食堂」というおかずシリーズがあります。仕事と子育てでいそがしいお母さんが、家族に安心して食べさせられるようにと考えて、会社はこの名前をつけたそうです。

手作り感があっておいしそう。でも、疑問もわきます。「お母さん食堂」が人気になればなるほど、「料理は母親がするもの」というイメージが広まるのでは？　本当は、家事は男女が分担するものですね。

２０２０年末、この「お母さん食堂」の名前を変更《へんこう》してほしいと、女子高校生たちがインターネット上で署名活動を行いました。それがきっかけで、この名前がいいかどうか、論争が起こりました。

「お母さん食堂」には、なつかしく、あったかいイメージがあります。もちろん、だれかをばかにしたり、差別したりするような、ひどいネーミングではありません。

おじいさん
おばあさん
お母《かあ》さん
お父《とう》さん
山《やま》へ柴《しば》刈《か》りにいく
川《かわ》へせんたくにいく
料理《りょうり》をする
サッカーをする
みんな自由《じゆう》に
どんぶらこ♪

ただ、昔から、料理や食品には、お母さんなど女性のイメージが多く使われすぎているのも事実です。有名な例としては、戦後に広まった「おふくろの味」があります。

ひとつひとつは悪い名前でなくても、料理や食品の名前に「お母さん」が多く使われると、世の中に「料理は母親がするもの」というふんいきが広まってしまいます。これまではともかく、少なくとも今後は、こうした名前のつけかたは避《さ》けたほうがいい。これが私の考えです。

「年寄り」という呼び方どう思う？

終戦後の１９４９年の雑誌に〈年寄りにも喜んでいただくサラダができます〉という文章がありました。「えっ」と思う人もいるのでは。今の雑誌なら「お年寄り」「年配の方」など、ちがう言い方をするはずです。

60年代のテレビニュースには〈抵抗《ていこう》力の弱い老人〉という表現もありました。今なら「老人」ではなく「高齢《こうれい》者」と言うでしょう。「老人ホーム」などは別ですが。

「年寄り」も「老人」も昔から使われていて、必ずしも悪いことばではありません。でも、年を取っても元気な人が増えた結果、「そう呼ばれたくない」「冷たい言い方だ」と感じる人が多くなりました。

人がいやがることばや、人を傷つけることばを言いかえる動きが広まったのは70年代のことです。特定の民族や集団の人々、障害のある人などに対する差別的なことばが批判されるようになりました。

ペルシャじゅうたんは古《ふる》ければ古《ふる》いほど価値《かち》があります。
これ、100さいくらいかしら…
そんな若《わか》いもんといっしょにするな！ わたしは300さいだ。年寄《としよ》りなんだぞ、えっへん！

一方で、「批判が厳しすぎる」という反発も出てきました。「ことば狩《が》りだ」という意見もありました。また、批判されることをおそれて、何でもないことばを使用禁止にしてしまう人も少なくありませんでした。

「年寄り」も「老人」も、ごく自然に使える場合はいくらでもあります。私だって、年を重ねれば、自分のことを「年寄り」と言うかもしれません。ただ、どんなことばでも、いやがる相手には使わない、という思いやりは大切にしたいと思うのです。

「絶版」になった童話があった

以前、「ちびくろ・さんぼ」というイギリスの童話作品が子どもたちに人気でした。かわいい黒人の男の子（原作ではインドの子ども）と、こわいけれど、とてもまぬけなトラたちのエピソードです。

この作品は、日本では１９８０年代末に、内容が差別的だという声が上がりました。出版社は検討した結果、作品を絶版（もう出版しないこと）に決めました。

主人公の「さんぼ」の絵は、黒人の特徴《とくちょう》を大げさに強調していました。また、「サンボ」という名前自体、現在では黒人をばかにする呼び名になっています。「差別的」と言われるのはしかたないと思います。

「ちびくろ・さんぼ」は、多くの人が好きだった作品です。私も小さいころ大好きで、くり返し読みました。そんな作品が絶版になるのは悲しいことです。「そこまでしなくても」と思ったのも事実です。

ホラー映《え》画《が》！
殺《さつ》人《じん》鬼《き》カマキリ
特《とく》徴《ちょう》を大《おお》げさに強《きょう》調《ちょう》した例《れい》
本当《ほんとう》のぼくたちとちがう… 悲《かな》しい…

でも、その後、少し考えが変わりました。作者には差別する気持ちはなかったでしょう。だとしても、人種や民族の特徴を強調してえがくのはよくない。呼び名も気をつけるべきだ。そう考えるようになりました。

現在、「ちびくろ・さんぼ」は別の出版社から出ています。私は、出版は問題ないと思います。ただ、この作品は、子どもが成長して、差別について考えるようになってから読んだほうがいいでしょう。あなたはもうその時期に来ているかもしれません。

複数のルーツを表すことば

この10年ほど、「ハーフ」ということばの使い方が変わってきています。

本来、「ハーフ」は英語で半分の意味です。ハーフマラソンは半分の距離《きょり》を走るマラソン。そして、日本語では、両親のルーツ（人種や民族）がちがう子どものことも「ハーフ」と言ってきました。複数のルーツを半分ずつ受けついでいるという意味です。

でも、ひとりの人間を「半分」と言うのは変な気もします。それで、「ハーフ」のほかに「ダブル」「ミックス」などのことばも広まりました。「ダブル」は2倍の意味。2つのルーツを持つことを表します。また、「ミックス」は組み合わさる意味。複数のルーツが組み合わさっているからです。

「ハーフ」を使ってはだめかというと、そうとも言えません。本人自身が「ハーフ」を使うこともあります。一方、「ダブル」「ミックス」を好む人もいます。『「ハーフ」ってなんだろう？』（平凡社）の著者、下地《しもじ》ローレンス吉孝《よしたか》さんは、本人がどう呼んでほしいかは「自分自身で決め

ICE CREAM
half
ハーフ
double
ダブル
mixed
ミックス

る権利が認められるべき」だと述べています。

　私だったら、外国にもルーツがある人をどう呼ぶか。そもそも、呼び方で人をグループに分けるべきではないと思います。「彼《かれ》は、お父さんが日本人、お母さんがブラジル人です」などと言えば十分です。いや、必要がなければ、それも言わなくていい。どんなルーツを持っていても、その人はその人でしかないんですから。

第9章

◆料理はことばが大事◆

「いためる」ってどうするの？

家の中で、教科書を使わなくても、ことばの勉強をすることはできます。

たとえば、野菜いためを作るとき。フライパンに油を引き、野菜と調味料を入れて、よくいためます。この「いためる」とは、正確にはどうすることでしょうか。

国語辞典のひとつ『広辞苑《こうじえん》』は、第7版で「いためる」の説明を分かりやすくしました。『広辞苑』を作る先生たちは、自分でフライパンを持ったつもりになって、次のような説明を考えたそうです。

「**いためる**　熱した調理器具の上に少量の油をひいて、食材同士をぶつけるように動かしながら加熱・調理する」

そう、いためる時は、食材を動かしますよね。置いたまま熱すると「焼く」になってしまいます。「食材同士をぶつけるように」という表現も、動きがよく分かります。

私たちが作っている『三省堂《さんせいどう》国語辞典』第7版も、くふうしているつもりです。

「**いためる**　フライパンやなべに油をひき、食材を入れてかきまぜながら、強火で短時間、熱を加える」

こちらは「かきまぜながら」という言い方をしています。これもけっこう感じが出ていると思いませんか。

食材に火を通す方法は、「焼く」「いためる」以外にもいろいろあります。それぞれどんな特徴《とくちょう》があるか、自分で調理しながら説明を考えてみると、面白いですよ。

豆を「ゆでる」か「煮る」か

食材に火を通す方法でふしぎなのは、「ゆでる」と「煮《に》る」のちがいです。

豆を「ゆでる」場合、なべに豆とたっぷりの水を入れて、火にかけます。一方、豆を「煮る」場合も、やっぱり、なべに豆とたっぷりの水を入れて、火にかけます。

これでは、同じではありませんか。「ゆでる」と「煮る」のちがいは、どう説明すればいいのでしょうか。

実は、「ゆでる」も「煮る」も、火を通す方法はまったく同じです。だから、英語の辞書を見ると、両方とも「boil《ボイル》」と書いてあります。

ただ、大きくちがうところがあります。それは、調味料の使い方です。豆を「ゆでる」場合、水の中には塩ぐらいしか入れません。しかも、ゆでた後は、その「ゆでじる」は捨ててしまいます。

一方、「煮る」場合、水の中には、しょうゆ・みりんなど、調味料をあれこれ入れます。じっくり煮るうちに、調味料が食材の中にしみこんで、味つけになります。その「煮じる」も捨て

たりはしません。すくって飲むと、とってもおいしいですよね。

なお、西日本では、煮ることを「たく」と言います。「大根をたく」は、大根を煮る。「ごはんをたく」の「たく」ではありません。京都のお寺では、年末に「大根だき」という行事があります。たくさんの大根をたいて（煮て）、参拝者にふるまうのです。

「少々」「ひとつまみ」は同じ？

調理の時に使うことばには、まぎらわしいものもあります。「少々」と「ひとつまみ」の区別もそのひとつです。

「塩を少々入れる」と「塩をひとつまみ入れる」。どちらも同じように思えますね。でも、分量が微妙《びみょう》にちがうのです。

「少々」とは、親指と人さし指でつまんだ分量を言います。一方、「ひとつまみ」とは、親指と人さし指、それに中指をそえてつまんだ分量です。「ひとつまみ」のほうが、わずかに多いわけですね。

もっとも、私は、この区別がすぐにあいまいになってしまいます。何しろ、ふつうの文章で「びんに塩が少々残っている」と書いてあったら、指でつまんだ量よりずっと多いですからね。ふつうの文章と、調理用語はちがいます。「ひとつまみ」より「少々」のほうが「少ない」と覚えましょう。

私が料理をする時には、塩の分量は味を見ながら決めます。レシピに「少々」と書いてあっても、「ちょっと味がうすいな」と思ったら、自分の好みで足します。こういう分量のことを、「少々」でも「ひとつまみ」でもなく「適量」といいます。「塩、適量」が私のやりかたです。

昔、料理番組で、慣れないアナウンサーが「塩ひとつまみ」を「塩ひとつかみ」と言ったという話があります。「ひとつかみ」は片手でにぎった分量。そんなに入れては、料理の味はかなり変わってしまいます。

「ひたひた」「かぶる」の量は？

食材を煮《に》たりゆでたりするとき、水をどのくらい入れればいいかは大問題です。カボチャを煮るときは、水が多いと形がくずれてしまいます。卵をゆでるときは、あまり水が少ないとうまくいきません。

レシピを見ると、ちょうどいい水の分量が書いてあります。「ひたひたの水を入れる」とか「かぶるくらいの水を入れる」とか。一体、どのくらいの量なのか？

「ひたひた」は、食材の頭が水面からちょっと出るくらいの分量です。「ひたひた」は「ひたる」と語源が同じ。「おふろで、肩までひたる（つかる）」と言いますが、これと同じイメージです。ニンジンやジャガイモの顔の一部だけが水面から見えている状態です。

ひたひたの分量の水なら、食材が中でごろごろ動くことを防げます。ごろごろ動くことを「おどる」と言います。食材がおどると、形がくずれてしまうのです。

一方、「かぶる」は、食材が水の中に完全にかくれる分量です。ふとんをかぶったら顔が見

えなくなりますが、これと同じで、食材の顔がかくれるイメージです。ゆで卵を作るときは、かぶるくらいの水で、卵を転がしながらゆでると、うまくできます。

香川県出身の私は、うどんが大好きです。うどんをゆでるときは、ひたひたでも、かぶるくらいでもなく、「たっぷり」の水を使います。ゆでじるがドロドロにならないよう、なべにいっぱいの水を入れるのです。

「カップ1杯」に気をつけろ

ごはんをたこうと思ったけど、専用の計量カップがない。キッチンを探したら、水を量ったりする別の計量カップがあった。ちょうどいいと思って、これでお米を量ってごはんをたいた。

さて、どうなるでしょう。

そう、かたいごはんになってしまいます。お米を少し多く入れてしまったのです。

お米を量るカップは、1杯《ぱい》が1合《ごう》です（だいたいお茶わん2杯分）。1合は、およそ１８０ミリリットル（mL。ccとも）です。

一方、キッチンにあった別の計量カップは、1杯が２００ミリリットルでした。一般《いっぱん》的な料理でカップ1杯といえば、２００ミリリットルを指すことが多いのです。

このカップでお米を量ると、およそ20ミリリットル多くなるわけです。似た大きさですが、気をつけないといけませんね。

お米・お酒などを量る「合」は、古代から日本で使われている単位です。西洋から入ってき

た単位と合わないのは当然です。
　では、1合の5倍は何と言うでしょう。もちろん5合ですが、ふつう「ごんごう」と発音します。これは昔からの習慣です。
　さらに、1合の10倍は「1升《しょう》」です。酒屋さんにお酒の大きなびんが置いてありますが、あれが、1升入る「一升びん」です。
　1升の10倍が「1斗《と》」、1斗の10倍が「1石《こく》」です。時代劇で「5万石《ごく》の大名」などと言いますが、あれは「領地から5万石の量の米がとれる」ということなのです。

「かしわ」と言えば何の肉？

子どものころ、母によくお使いをたのまれました。今でもよく覚えているのは「かしわ屋さんに行って、とり（ニワトリ）のあしを買って来て」という母のことばです。

私は「はーい」と返事をして出かけて行きましたが、いつも疑問に思っていました。そのとり肉店は「かしわ屋」という名前ではなく、別の名前でした。どうして母は「かしわ屋さん」と言うのだろう？

実は、「かしわ」はとり肉の方言なんですね。西日本や北海道などで使われます。私が子どものころに住んでいたのは香川県ですが、香川でも「かしわ」と言えばとり肉です。注意して歩いていると、「かしわ」と看板を出したとり肉店が、けっこうあります。

「かしわ」と聞くと、当時の私は「かしわもち」を連想しました。こどもの日に欠かせない、カシワの葉で包んだあんもちです。とり肉とは関係なさそうですね。

ところが、とり肉を「かしわ」と言うのも、実はカシワの葉から来ています。ニワトリの茶色の羽毛が、紅葉したカシワの葉の色に似ていたからです。そこから、ニワトリの肉のことも「かしわ」と呼ぶようになりました。

　ちなみに、西日本では「肉」と言えばふつう牛肉を指します。東日本ではふつう豚肉《ぶたにく》です。私が香川で食べていた肉じゃがの肉は、もちろん牛肉でした。東京に住むようになり、スーパーで肉じゃがを買ったら、なんと豚肉で、おどろいたことがあります。

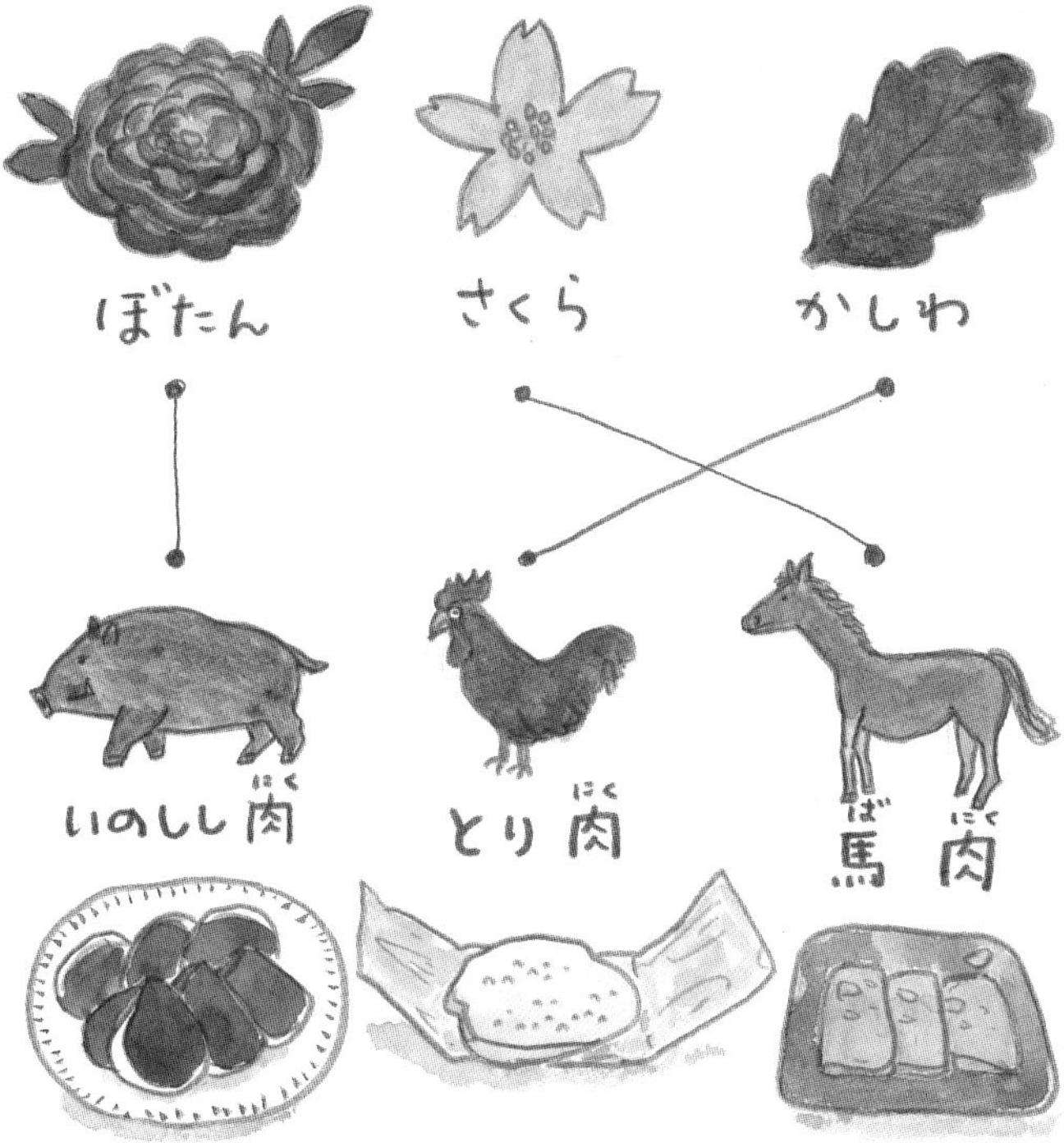

「まむし」というおいしい料理

まんがの「サザエさん」（長谷川町子《はせがわまちこ》作）で、サザエさんが夫のマスオさんと、大阪に住む彼《かれ》の兄の家へ行く話があります。

「なんのごちそうがええやろなア」「めいぶつはうなぎまむしやワ」と相談する大阪の家族。それを聞いていたサザエさんは、ヘビのマムシを食べさせられるのかとおどろき、おなかが痛くなったふりをします。

実は、大阪の「まむし」は、東京の「うなどん」に当たるものです。うなどんは、どんぶりごはんにタレをかけ、ウナギのかば焼きをのせます。「まむし」も同じですが、かば焼きをごはんの中に入れることもあります。もとは、細かく切ったかば焼きを、ごはんとまぜて食べる料理だったようです。

まぜることを関西で「まぶす」と言います。まぶす料理だから「まぶし」。それが「まむし」になったのです。江戸《えど》時代の本には、京都・大阪でウナギめしのことを「まぶし」と言う、と

確かに書いてあります。

名古屋の名物料理に「ひつまぶし」があります。「おひつ」(ふたのある箱)に入れたごはんに、やはり細かく切ったかば焼きをのせて、まぜて食べます。名古屋では「まむし」でなく、元の「まぶし」ということばが料理名に残っているのです。

近畿《きんき》地方などでは、ヘビのマムシは「ハミ」とか「ハメ」とか言っていました。だから、ウナギ料理を「まむし」と言っても、誤解する人はいなかったのです。

「大判焼き」は好きですか？

子どものころ、「大判焼《おおばんや》き」が大好きでした。街の中心部に出かけた時などに、たまに買ってもらえました。ほかのあまいあんこが、とてもおいしいんですよね。

えっ、「大判焼き」を知らない？　ほら、あれですよ。たいこのように丸くて平べったい形で、きつね色のやわらかい皮の中に、あんこがたっぷりつまったおやつ。

「それ、『今川焼《いまがわや》き』じゃないの？」

そうとも言います。東京などでは「今川焼き」ですね。江戸《えど》時代、江戸の今川橋あたりで売ったので、この名前があります。

私の出身地の香川県などでは「大判焼き」です。共通語の「今川焼き」より、「大判焼き」と言う地域のほうが多いのです。

関西などでは「回転焼き」です。丸い型に溶いた小麦粉を入れて焼き、途中《とちゅう》でひっくり返すので、この呼び名があります。

大判焼《おおばんや》き
今川焼《いまがわや》き
回転焼《かいてんや》き
…
の
つくりかた
①きじを型《かた》に流《なが》しこんで焼《や》く
②あんこを入《い》れ上下《じょうげ》を合体《がったい》させる
完成《かんせい》!

学生時代に住んでいた東京のアパートの近くでは、この食べ物を「おやき」と言って売っていました。青森県や北海道ではそう呼ぶのです（ちなみに、長野県にも「おやき」がありますが、別の食べ物です）。

面白いのは、兵庫県の商品名で、「ござそうろう」と言います。「うまいものござそうろう」（＝うまいものがあります）と言ったところからついた名前です。

この食べ物は、ほかにも非常に多くの名前で呼ばれます。お店で意味が通じなくて、困ることがあるかもしれませんね。

土地によって変わる「たぬき」

私の出身地、香川県は「さぬきうどん」が名物です。もちろん、私も大好き。ゆでたうどんをだしにつけて食べることが多いですが、「きつねうどん」も好きです。でも、「たぬきうどん」はあまり食べないかな。

「きつねうどん」は知っていますよね。うどんに油あげをのせたものです。一方、「たぬきうどん」は？　香川県ではメニューにないお店が多いと思います。

東京では、うどんよりそばが多いですが、「きつね」は、やはり油あげをのせたもの。一方、「たぬき」は、あげ玉、つまり、小さくて丸い、天ぷらのころものかたまりをかけたものです。私はこの「たぬき」のメニューを、東京に引っ越《こ》してから初めて見ました。

ところが、大阪では「きつね」「たぬき」の区別のしかたがちがいます。「きつね」は、うどんに油あげをのせたもの。一方、「たぬき」は、そばに油あげをのせたものです。つまり、油あげを、うどんとそばのどちらにのせるかで、呼び名が変わるのです。

たぬき一丁《いっちょう》、おまちどおさま！
油《あぶら》あげ
そば
大阪《おおさか》
あげ玉《だま》
うどん/そば
東京《とうきょう》
あんかけ
うどん
そば
京都《きょうと》

京都に行くと、またしても事情が変わります。京都では油あげを細かくきざみます。その油あげを、うどん、またはそばにのせたものが「きつね」。そして、それにとろっとした「あん」をかけたものが「たぬき」です。

どの土地も「きつね」と言えば油あげをのせるのは共通します。でも、「たぬき」と言った場合、どんなうどん、またはそばになるかは、土地によって変わるのです。

◆方言でかんちがい◆

魚の名前も各地で変わる

福島県の家庭で、ある日、高級な魚の煮《に》つけが食卓《しょくたく》に出ました。お母さんが「今日はアカジだよ」と言うので、子どもはびっくり。「そんなにお金がないの？」――以前、新聞の投書らんに出ていた話です。

実は「アカジ（赤次）」は魚の名前でした。あざやかな赤色で、煮つけや塩焼きなどにして食べます。北海道では「キンキ」と言い、一般《いっぱん》的にはこの名前が有名です。宮城県では「キチジ（喜知次）」と言います。

このように、魚の名前にはいろいろな方言があります。さしみなどにする「ハマチ」も、元は方言です。「ブリ」の幼魚のことを、関西ではこう呼ぶのです。

ブリは成長とともに名前が変わる「出世魚《しゅっせうお》」です。関西では「ツバス→ハマチ→メジロ→ブリ」と呼び分けます。関東では「ワカシ→イナダ→ワラサ→ブリ」です。関東でも、やがて養殖《ようしょく》の

あっしは、キチジともうしやす
あたし キンキよ
ぼくたち同《おな》じ魚《さかな》だよ!
←アカジ

ブリのことを「ハマチ」と呼ぶようになりました。

あまり食べる機会はありませんが、「サメ」も各地に方言があります。近畿《きんき》や四国、九州の一部では「フカ」と言います。また、北陸や山陰《さんいん》では「ワニ」と言います。

神話では、因幡《いなば》の白ウサギが、島から本土にわたるため、海にワニたちを並べて、その背中をとんで行ったと伝えられています。この「ワニ」は、はちゅう類の動物ではありません。神話の舞台《ぶたい》は山陰であり、「ワニ」とはサメのことだったのです。

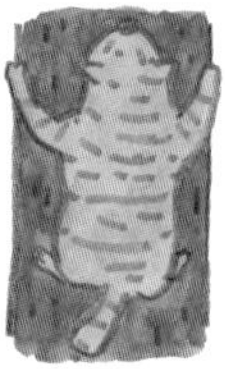

「しあさって」は何日後？

「宿題は、しあさってまでに提出してください」などと言います。あしたが1日後、あさってが2日後なので、しあさっては3日後です。きょうが月曜日なら、しあさっては木曜日ということになります。

東京の場合、その次の4日後は「やのあさって」と言っていました。「しあさって→やのあさって」という順番です。

ところが、東京の周りの関東地方などでは、もともと、3日後を「やのあさって」と言い、「しあさって」は4日後のことを指しました。「やのあさって→しあさって」という順番です。東京とは逆になります。

これでは、出身地のちがう人同士が日にちの話をすると、誤解が起こってしまいます。もっとも、今では東京式に3日後を「しあさって」と言う人が増えているはずです。

一方、関西では、3日後を「しあさって」、4日後を「ごあさって」と言います。「しあさって」の「し」を4と考えた人が、その翌日を「5あさって」と呼ぶようになったのです。実際、「しあさって」の「し」の語源は4だったかもしれません。きょうを1と考えると、たしかにそうなります。

　現在、全国的には3日後を「しあさって」と呼ぶのがふつうで、それより後は特別の言い方がありません。なんだかもの足りない気もしますね。でも、誤解を避《さ》けるためには、「○日後」「○月○日」のように具体的に言ったほうがいいのです。

きょう
あした
あさって

食《た》べごろは、いつ？
ななあさってごろかな？
※「ななあさって」とは言《い》いません。

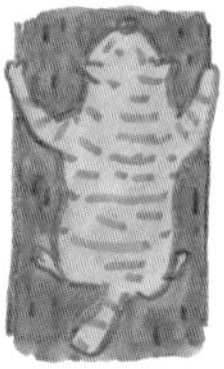

種を「なげる」地方はどこ？

ある子どもの話。親戚《しんせき》の家で料理を手伝っていたとき、おばさんが「そのカボチャの種、なげて」と言いました。その子は「変わったことを言うなあ」と思いました。

実は、その親戚は北海道の人でした。北海道や東北地方などでは、捨てることを「なげる」と言います。つまり、おばさんは「カボチャの種を捨てて」と言ったのです。

この「なげる」は、誤解されやすい方言の代表です。ほかの地方の人は、ボールなどを投げるイメージしかないからです。

でも、捨てるときには、手でぽいっと投げることが多いですね。そこから「なげる」には捨てる意味も生まれたのでしょう。

そう言えば、近畿《きんき》地方などでは、捨てることを「ほうる」「ほる」と言います。これも「ボールをほうる」と同じ言い方です。香川県出身の私も、昔は「ごみ、ほって来て（＝捨てて来て）」とよく言われました。

カー
リサイクル
投《な》げればゴミ
使《つか》えば資源《しげん》
北海道《ほっかいどう》で見《み》かけた標語《ひょうご》
MILK

近畿地方ではまた「ほかす」とも言います。これも「ほうる」と関係があります。古い時代に「ほうる」が「ほうらかす↓ほうかす↓ほかす」と変化したと考えられます（もっとも、捨てる意味の「放下《ほうか》」ということばにも影響《えいきょう》されているかもしれません）。

英語では、ボールなどを投げることを「スロー」と言います。ところが「スロー・アウェー」と言えば捨てる意味になります。投げることと捨てることは、やっぱりつながりがあるようです。

西日本で「なおす」と言えば？

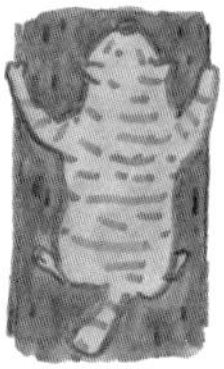

会社で、西日本出身の上司が部下を呼び、置き時計を指さして言いました。

「この時計なおしといて」

部下は困りました。自分は機械に弱いし、修理するのは手続きが必要です。すると、そばにいた別の上司が教えてくれました。

「なおす、というのはね、かたづける、しまうということなんだよ」

作家・山口瞳《やまぐちひとみ》の「江分利満《えぶりまん》氏の優雅《ゆうが》な生活」という小説に出てくる話です。

ここにあるように、「なおす」は、近畿《きんき》地方・九州地方など、西日本では「片づける」の意味でも使う所が多いのです。修理する意味の「なおす」と同じ形なので、ほかの地方の人は、しばしば誤解します。

「きげんを直す」という言い方で分かるように、「なおす」には「元どおりにする」という意味があります。壊《こわ》れた時計を元の動く状態にするのも「なおす」ですが、地方によっては、元

の場所にしまうことも「なおす」なのです。地方の言い方にも、ちゃんと理由があるんですね。

同じく片づける意味で、東京では「かたす」と言います。「散らかしたら、かたしといてね」のように使います。

東京で言うことばだから、全国で通じるのかと言うと、そんなことはありません。「かたす」は、関東地方などで使われる方言です。気づかれにくいことですが、東京にだって方言があるのです。

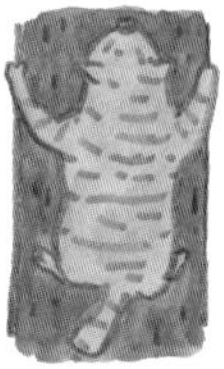

遠くから来て「えらかった」？

関東地方の夫婦が三重県にある夫の実家に行った時のこと。夫の家族が言いました。

「遠くから来て、えらかったなあ」

妻はふしぎに思いました。そんなにほめられることをしたのかな？

実は「えらい」とは「つかれる」の意味でした。夫の家族は「つかれたでしょう」と言ってくれたのです。これは、中部・近畿《きんき》・中国・四国地方などでの使い方です。

「えらい」は、もともと「程度が大きい」という意味でした。「えらく大きい」と言えば「非常に大きい」ということです。そこから、非常につかれた感じを「えらい」と言うようになったのです。

ちなみに、りっぱな行いをした人、優《すぐ》れた人のことも「偉《えら》い人」と言いますね。これも「非常に優れている」と程度を強調したことから生まれた使い方です。

「えらい」のように、つかれた感じを表すことばは、地方によってちがいます。有名なのは「し

こわい？
えらい？
きつい？
ぜーんぶ同《おな》じ意味《いみ》だったの？
あ〜つかれた…

んどい」。近畿・四国などで使いますが、今では東京でも耳にします。

北海道・東北などでは「こわい」。おそろしいわけではなく、体がこわばることから、つかれた感じを言うようになりました。

そのほか、九州で「きつい」、長野県で「ごしたい」など、たくさんの言い方があります。人それぞれ、仕事もちがうし、つかれ方もいろいろ。それで、全国でいろいろな言い方が生まれたのでしょう。

第11章

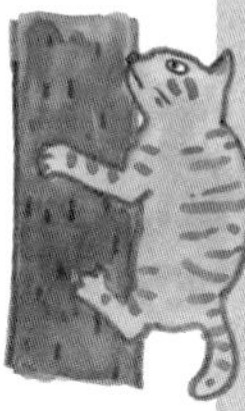

◆落語のたのしみ方◆

えっ、落語って面白いの？

小学校低学年のころ、私はよく、父が部屋でテレビの落語を見ているそばで、何かをしながら過ごしていました。

その日も、小さな白黒のテレビで落語を放送中でした。着物を着た落語家が舞台《ぶたい》（高座《こうざ》と言います）にすわり、難しそうな、低学年の私にはよく分からない話をしています。

そのうち、落語家はおどけた声で、何かおかしな文句を口ずさみました。観客たちがどっと大きく笑います。

いつも難しそうな話をしている落語家が、きょうはおかしなことを言ったので、私はびっくりしました。「これ、面白い落語？」と、思わず父に聞きました。

すると父は一言。「落語というのは、面白いんだよ」

えっ、そうだったの？　今まで難しい話にしか思えなかったけど、ストーリーが分かれば面

こども
たぬき
美《び》女《じょ》
ゆうれい
どろぼう
落語家《らくごか》は
ひとりで
何役《なんやく》も演《えん》じます

白いのかな……。私が落語に興味を持ったのは、それが初めてでした。

　私が聞いた「おかしな文句」はどんなのだったか、残念ながら忘れてしまいました。もしかすると、こんなのかもしれません。

「あじゃらか、なとせの、きゅうらいす、てけれっつのぱあ」

　これは「黄金餅《こがねもち》」などの落語で、おしょうさんが唱える、でたらめのお経です。

　何年かたつと、私は落語が大好きになりました。でも、初めに興味を持ったきっかけは、あの日聞いた意味不明の文句でした。

分かりやすい落語あるかな

落語って、難しくて、よく分からない。子どものころの私はそう思っていました。ところが、小学4年生の時に一冊の本に出合って、落語の面白さを知りました。

それは、子どもにも分かりやすい落語を集めた本でした。文章も読みやすく、内容も面白い。テンポのいいせりふに引きこまれて、すいすい読んでしまいました。

落語にも分かりやすい話はたくさんあります。特に、「前座ばなし」という、修業《しゅぎょう》中の落語家が練習する話は分かりやすい。その本にも、前座ばなしが多く入っていました。

「寿限無《じゅげむ》」は知っているでしょう。長い名前の子どもがいて、みんながちょっと呼びかけるだけでも時間がかかってしまう、という話。これも前座ばなしです。

それから、「時そば」。冬の寒いころ、道ばたの屋台でそばを食べている客が、代金をごまかそうとする話です。実際の落語家が演じるときは、そばを本当においしそうに食べる身ぶりをして見せます。

寒《さむ》い夜《よる》
ワオーン
湯気《ゆげ》
はし
そば
江戸時代《えどじだい》の人《ひと》
扇子《せんす》
何《なに》ももっていない
こんな風景《ふうけい》が浮《う》かんでくる（時《とき》そば）

そのほかにも、「自分にとって一番こわいものは、まんじゅうだ」と言う男の話（「まんじゅうこわい」）や、およめさんの話すことばがやたらに難しくて困ってしまう男の話（「たらちね」）など、初心者にも楽しめる落語はたくさんあります。

今では、子ども向けの落語のDVDやCDも出ています。もし、興味があれば、お店で探してみませんか。

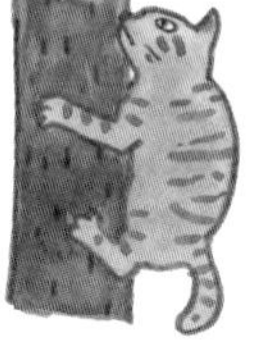

自分で落語を演じてみたら

小学4年生の時以来、私は子ども向けの落語の本を何冊も読むようになりました。そのうち、自分でも落語を演じてみたくなりました。自分の話を聞いた人が面白がってくれたら、うれしいじゃないですか。

それで、さっそく、落語の本にある話をひとつ覚えることにしました。「二人旅《ににんたび》」という話です。歩いて旅をする男ふたりが、じょうだんを言い合ったり、食事をしにお店に入ったりする様子をえがきます。大したストーリーはなく、覚えやすそうでした。

今、私の話し方に直して書くと、たとえばこんな感じです。

「おーい、待っとくれよ。もう腹が減って歩けねえんだよ」

「だらしねえな。じゃあ向こうの景色でも見てろ。麦畑《むぎばたけ》がきれいじゃねえか」

「とろろをかけて食ったらうめえな」

「麦畑にとろろがかけられるかい」

声《こえ》や表情《ひょうじょう》をくふうして
ふたりの会話《かいわ》を演《えん》じてみよう
腹《はら》がへって歩《ある》けないよ～
だらしねえな!

こういうばかばかしい会話が続きます。

私はこの話を覚えて、親戚《しんせき》の人たちが来たときに話して聞かせました。ところが、みんなあまり笑ってくれません。

これは、当たり前でした。私の話し方は、覚えた文章を棒読みしているだけでした。これでは面白くならないんですね。

本物の落語家は、実際にふたりが会話しているように演じます。声や表情をくふうして、観客を笑わせます。覚えた文章を話すだけでは、落語とは言えないのです。

「間」をうまく取る落語名人

中学生のころ、初めて落語のカセットテープを買いました。名人が語る話を録音したものです。今ならCDか、ストリーミング配信で聞くところです。

落語の題は「小言幸兵衛《こごとこうべえ》」でした。幸兵衛というおじいさんが主人公です。この人は家を人に貸したいのですが、借りに来る相手のことが気に入らなくて、いろいろうるさく小言を言ってしまう、そんな話です。

そのカセットテープで語っていたのは、三遊亭円生《さんゆうていえんしょう》という落語家でした。きちんとした話し方なのに、くすぐり(ギャグの言い方)がとてもうまく、私は何度も大笑いしました。それ以来、円生の落語が大好きになりました。

円生の話し方には、聞いていて気持ちのいい「間」がありました。たとえば、「昔から『くせのない人はない』と言われます」という文を、こんなふうに話しました。

「昔からこの……『くせのない方はない』という……たとえを申しますが……」

朝《あさ》っぱらから、いねむりをするな！
小言幸兵衛《こごとこうべえ》さん
ぞうきんを使《つか》ったら、ほったらかしておくんじゃない！
ねこのしっぽが長《なが》すぎるよ!!

ことばにつまっているわけではありません。「……」の部分で、少し間を取っているのです。「お客が自分の話をちゃんと理解しているかな」と、反応を確かめているんですね。別の場面では、とても早口になって、変化をつけています。

落語家は、名人と言われる人ほど、うまい間の取り方をします。じっくり話したり、テンポよく話したり、自由自在です。名人の話し方をくり返し聞いていると、自分が会話で間を取るときの参考になります。

動物園が出てくる落語⁉

落語のもとの形ができたのは、江戸《えど》時代の初めだと言われます。最初は短かった話が、くり返し話されるうち、だんだん長くなり、表現も豊かになってきました。

現在よく聞く落語の中にも、江戸時代を思わせる物語が多く残っています。明治時代より新しい落語も多いのですが、ちょっと聞いただけでは区別できないかもしれません。

そんな中でめずらしいのは、動物園の出てくる落語です。明治時代の終わりに作られました。子どものころ、この話を知って「落語なのに新しいなあ」とおどろきました。

話の題は、そのまんまで「動物園」。別名「ライオン」とも言います。

仕事を探している男が、動物園にやとわれます。人気者のトラが死んでしまったので、代わりをするのが役目です。トラの毛皮を着て、トラのおりに入り、見物客の前で「ガオーッ」とほえたりします。

やがて、大変なことが起こります。動物園長が「トラとライオンを対決させる」と言って、

トラのおりの中にライオンを連れてきてしまったのです。男の運命はどうなる? 意外な結末が待っています。

子どものころの私は知りませんでしたが、実は、落語には、明治時代どころか、現代をえがいた話もたくさんあります。また、古い話でも、細かいところをくふうして、今の人が面白く聞けるようにしています。時代に合わせて、落語も変わっているのです。

第12章

十二支にネコがいない理由は？

◆12ひきの仲間たち◆

年賀状には、その年にちなんだ動物がえがかれます。たとえば、２０２０年はネズミ、21年はウシ。このほか、トラ・ウサギ・竜《りゅう》・ヘビ・ウマ・ヒツジ・サル・ニワトリ・イヌ・イノシシの12種類があるのは知っていますね。

古代中国では、年や時刻などを12の単位で表していました。これを「十二支《じゅうにし》」と言います。そして、十二支のそれぞれをイメージする動物が、後から選ばれたのです。

十二支を見ると、イヌは入っているのに、ネコは入っていません。どちらも私たちになじみ深い動物なのに、なぜでしょうか。

中国や日本にはこんな話が伝わっています。あるとき、神様が十二支にちなむ動物を選ぶことにしました。指定した日に、早く集まってきた動物から順番に、十二支のイメージキャラクターにしてやると告知しました。

昔《むかし》の中国《ちゅうごく》では
竜《りゅう》は
おなじみで
ネコは
めずらしかった!?

ネコも、ぜひ参加したいと思いました。ところが、ネズミにだまされて、実際に集まる日よりも1日おそい日を知らされました。おくれて行ったネコは、結局、十二支の動物には選ばれなかったということです。

話によっては、寝《ね》ているネコをネズミが起こさなかったので、ネコが参加できなかったともいいます。どちらにしても、これは伝説で、本当のことではありません。

本当を言うと、十二支の動物が選ばれたころの中国では、まだネコは身近ではありませんでした。ふつうにペットとして飼うようになるのは、もっと後の時代です。

十二支にネコがいる国って?

年や時刻などを表す十二支には、12の動物の名前がついています。そこにイヌは入っているけれど、ネコは入っていないという話をしました。「ネコ年」はないのです。

でも、世界は広いものです。十二支は古代中国で生まれ、いろいろな地域に伝わりました。そのうち、ベトナムでは、十二支にウサギの代わりにネコが入っています。

一体、どういうことでしょう。ベトナム語では、ウサギは「マオ」、ネコは「メオ」と言います。とてもよく似ています。そこで、十二支を唱えるうち、いつの間にかウサギがネコになったと考えられます。

ベトナムの十二支では、このほか、ウシの代わりに水牛が、ヒツジの代わりにヤギが入っています。ベトナムの人にいっそうなじみ深い動物に変わったんですね。

日本の十二支も、実は少し変わっています。最後はイノシシですが、もとの中国ではブタでした。韓国《かんこく》やベトナムの十二支でもブタです。日本だけがイノシシなのです。

ブタは、人間がイノシシを改良して作ったものです。中国では昔からブタが飼われていたので、十二支に入りました。ところが、古代の日本にはブタがいなかったので、日本の十二支ではイノシシになったのです。

中国語ではブタを漢字で「猪《ちょ》」と書きます。でも、日本語では「猪」はイノシシのことです。これも、古代の日本にブタがいなかったことから生まれた食いちがいです。

ネズミをなぜ「ネ」と言う？

ネズミ・ウシ・トラ……などの動物で表す十二支。これを漢字で書くと「子《ね》・丑《うし》・寅《とら》・卯《う》・辰《たつ》・巳《み》・午《うま》・未《ひつじ》・申《さる》・酉《とり》・戌《いぬ》・亥《い》」となります。この漢字は、古くは年や時刻などを表すものでした。どうしてこの漢字を書いたのかは、よく分かっていません。

後の時代になって、「子《し》」の漢字にネズミ、「丑《ちゅう》」の漢字にウシなど、動物が当てはめられました。これで、十二支が私たちにとって親しみやすいものになりました。

ところで、ふしぎなことがあります。「子《し》」の字にはネズミを当てはめていますが、十二支の場合は「ネズミ」でなく「ネ」と言います。これはなぜでしょう。

実は、ネズミのことを昔は「ネ」と言っていました。ネズミに似たヤマネという動物がいますが、これは山のネズミの意味です。ネズミを昔「ネ」と言った証拠《しょうこ》です。

同じく、十二支では「ウサギ」ではなく「ウ」、「イノシシ」ではなく「イ」と言います。どれも古い呼び名が残ったものです。「ヘビ」は昔「ヘミ」とも言いましたが、これが変化して「ミ」

になりました。

十二支は、短く簡単に唱える必要があります。それで、長い名前は避《さ》けて、古い時代の名前を使い続けているのです。

それなら、「ヒツジ」も短く「ヒ」と言ったほうが簡単ですね。でも、ヒツジは昔から「ヒツジ」だったようです。勝手に短く呼ぶわけにはいかないのです。

「正午」の中にも十二支が

十二支は「子《ね》・丑《うし》・寅《とら》・卯《う》……」など全部で12の漢字で表します。これで年や時刻などを表現していたわけですが、現在ではあまりピンとこなくなりました。

そうは言っても、意外なところで十二支に出合うことがあります。正月の年賀状はもちろんですが、それ以外でも、十二支に関することばが使われています。

身近なところでは「正午《しょうご》」の「午《ご》」がそうです。これはウマという意味です。

昔の1日は24時間ではなく、2時間ずつ12の部分に分かれていました。今の午後11時～午前1時、つまり真夜中の2時間が「子《ね》」（ネズミ）に当たります。

真夜中から2時間ごとに、「子・丑・寅・卯・辰《たつ》・巳《み》・午《うま》……」と名前をつけていきます。すると、お昼の時刻（午前11時～午後1時）が、ちょうど「午《うま》」になります。

現在では、その真ん中を「正午」と言い、1日を「午前」「午後」に分けるのです。

深夜の午前2時～2時半ごろは、「草木も眠《ねむ》る丑三《うしみ》つ時」と言われます。怪談《かいだん》では幽霊《ゆうれい》が出

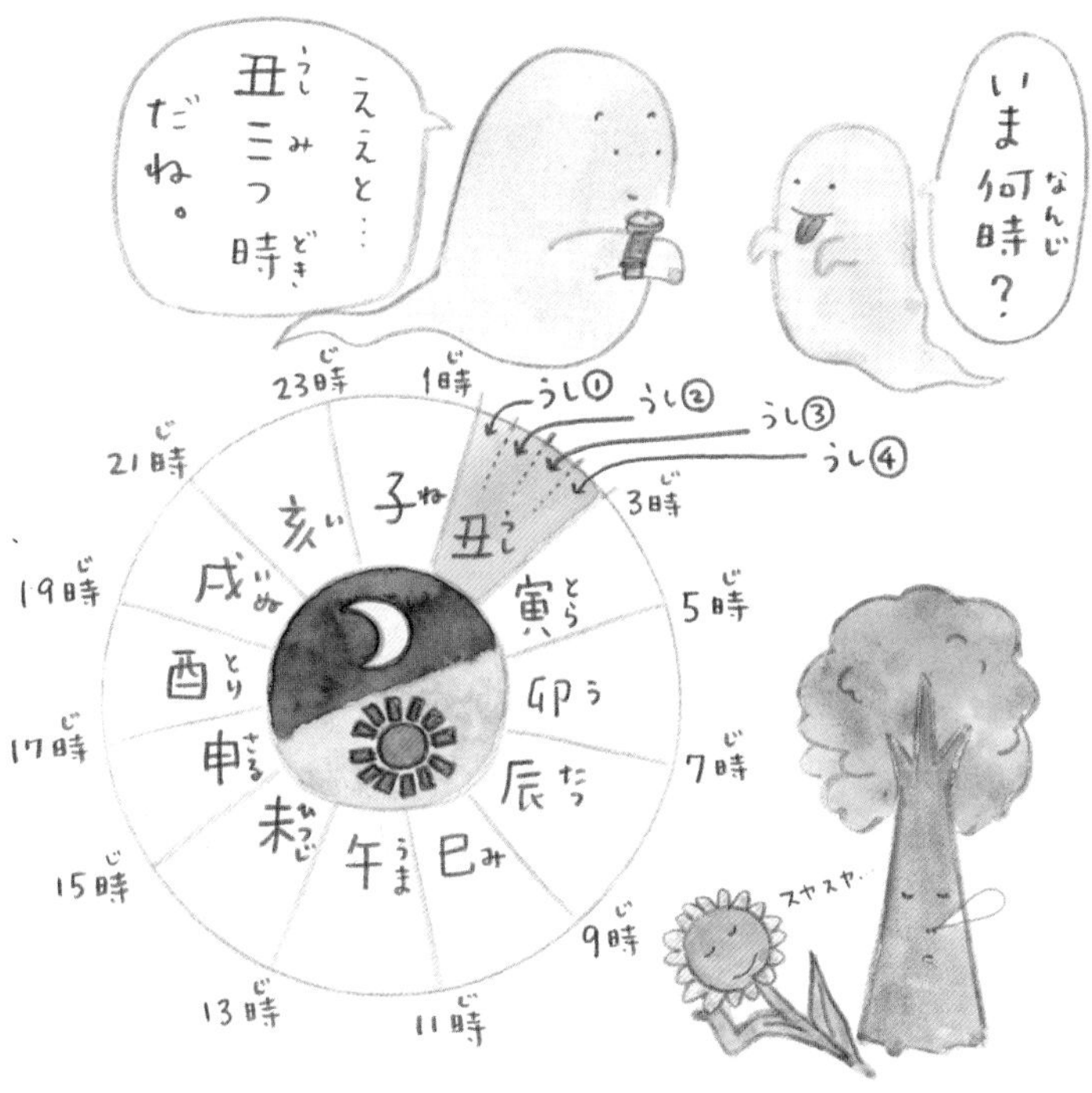

てくるころです。午前1時〜3時が「丑」に当たり、その丑を4つに分けた3番目を「丑三つ」と言うのです。

この丑の時刻に行うのが「丑《うし》の刻参《こくまい》り」です。自分がうらんでいる相手をのろうため、神社に行き、わら人形を五寸《ごすん》クギで木などに打ちつけます。さすがに今ではやりませんが、ホラー作品には出てくるでしょう。

十二支で方角を表せるの？

十二支は、年や時刻を表すだけではありません。東西南北などの方角も表します。現代でもその例を見つけることができます。

北極と南極を結ぶ線を「子午線《しごせん》」（経線《けいせん》）と言います。ちょうど、スイカの黒いしまのように、地球を南北に走る線です（もちろん、目には見えません）。日本では、兵庫県明石市《あかしし》を通る東経135度の子午線を基準として、標準時を決めています。

この「子午線」も、十二支に関係のあることばです。「子」は「ネ」とも読み、ネズミのこと。「午」はウマのことです。この場合、ネズミは北の方角を表し、ウマは南の方角を表しているのです。

十二支と方角の関係は次のようになっています。「子《ね》」は北。「丑寅《うしとら》」は北東。「卯《う》」（ウサギ）は東。「辰巳《たつみ》」（竜《りゅう》とヘビ）は南東。「午《うま》」は南。「未申《ひつじさる》」は南西。「酉《とり》」（ニワトリ）は西。そして、「戌亥《いぬい》」（イヌとイノシシ）は北西を表します。

お城に行くと、「艮門《うしとらもん》」「乾門《いぬいもん》」などという名前の門に出合うことがあります。どこにあるか、

わが庵《いお》は
都《みやこ》のたつみ
しかぞすむ
世《よ》をうじ山《やま》と
人《ひと》はいうなり
しかぞ？
（＝こうして）
「私《わたし》の家《いえ》は都《みやこ》の南東《なんとう》。こうして気《き》ままに宇治山《うじやま》に住《す》んでいるよ」という歌《うた》じゃ
喜撰法師《きせんほうし》 →

もう分かりますね。北東にあるのが艮門、北西にあるのが乾門です（丑寅と艮、戌亥と乾は同じ意味）。

昔から、家の丑寅、つまり北東にある門は「鬼門《きもん》」とも言って、鬼《おに》が出入りする不吉《ふきつ》な門とされていました。そこから、自分の苦手なものを「計算問題は私にとって鬼門だ」のように言うことがあります。

第13章

◆色の名前もいろいろ◆

昔の基本の色は4つだった

季節が夏に向かい、木々の葉が青々としげる。そんな表現があります。でも、木の葉は緑色のはず。どうして「青」と言うのか――そんな質問を受けることがあります。

現代人は、「青」と言えばブルーを思いうかべます。「緑」はグリーンです。昔の人は、この区別がつかなかったのかな？

そんなことはありません。昔の人もさまざまな色を区別していました。ただ、その中で基本となる4つの色がありました。「シロ」「クロ」「アカ」「アオ」です。すべての色は、このうちのどれかにふくまれました。

「シロ」「クロ」は、今と同じです。あざやかさのない、明るい色を「シロ」、反対に明るさのない色を「クロ」と言いました。

「アカ」は、火のように暖かみのある色を指しました。ふつうの赤以外に、朱色《しゅいろ》やダイダイ色、

黄色などもふくみました。

それに対して、「アオ」は、暖かみのない色を指しました。空の色や、木の葉の色などを広くふくんでいました。また、「顔の色がアオイ」と言うことがありますが、血の気がないはだの色も「アオ」でした。そのほか、黒っぽい馬の毛も「アオ」と言いました。

細かく言いたいときには、同じ「アオ」でも、「空色」「松の葉色」などのように、ものの名前をつけて表現しました。一方で、大ざっぱに表現すれば十分なときもあります。４つの呼び名だけですべての色を表現できるのは、とても便利だったのです。

「ミドリ」は草木の芽だった

昔の日本語では、色の名前は「シロ」「クロ」「アカ」「アオ」の４つが基本。それ以外は「空色」など、ものの名前で呼びました。

「えっ、じゃあ『ミドリ』はどうなの。これも色の名前でしょう？」

もっともな疑問です。でも、「ミドリ」も、元は色ではなく、草木の芽を表すことばでした。たとえば、「野辺のミドリ」と言えば「野原に生える若い草木」のことでした。それが、やがて、草木の色そのもののことも「ミドリ」と言うようになりました。

「ムラサキ」も、今では色の名前として使われますが、元を正せば草花の名前です。花の色は白。ところが、根から紫《むらさき》色の染料が取れます。それで、この草から取れる色を「ムラサキ」と呼ぶようになりました。

つまり、「ミドリ」も「ムラサキ」も、草木の呼び名が色の名前に変わったのです。

では、黄色の「キ」はどうでしょう。くわしいことは分かっていないのですが、これも、元は色のことではなかったようです。木を切ってみると、中は黄色みを帯びていますね。それで、黄色の「キ」は、「木」から来ているという説もあります。

このほか、今では色の名前になっているものも、大部分はものの名前でした。自分で語源を考えてみると面白いでしょう。たとえば「ダイダイ色」の「ダイダイ」は何のことでしょうか。分かる人も多いはずです。そう、ミカンの一種です。

あかみ
あおざかな
むらさき
あっ，ひとつ なくなってる！
あたしは シロ よ
← いや，こいつは クロだ。

「ピンクい」って言える？

色の名前に「い」をつけて「白い」「黒い」「赤い」「青い」などと言うことができます。ところが、「緑《みどり》い」「紫《むらさき》い」とは言えません。一体、どうしてでしょうか。「緑」の場合、大ざっぱに「青い」と言えばすむ、ということもあるでしょう。でも、もっと正確に言いたいときもあるはず。

実は、「い」がつくか、つかないかは、発音と関係があります。「緑」「紫」をローマ字で書いてみましょう。「midori」「murasaki」と、最後が「i」で終わっています。こういうことばは、後に「い」がつかないのです。

そう言えば、信号の「赤・黄・青」のうち、「黄」だけは「黄い」とは言えません。「黄」もローマ字で書くと「ki」で、「i」で終わるからです。ただ、この色はよく使うので、「黄色(kiiro)」に「い」をつけた「黄色い」ということばができました。これは江戸《えど》時代のことです。

そう、よく使う色の名前には「い」をつけたくなります。そこで、やがて「茶色い」ということばもできました。それなら、「緑色い」も言えそうですが、実際には、ことばが長くなりすぎて言えないんですね。

最近は「ピンクい」ということばも生まれました。ピンクは好きな人が多い色だからです。「ピンクい」は、学校の作文では使えませんが、「黄色い」「茶色い」のように、将来はふつうになるかもしれません。

ベビーピンクい
帽子《ぼうし》
ショッキングピンクい
リボン
ローズピンクい
ちょうネクタイ
サーモンピンクい
スカーフ

ネギから来た色の名前

私たちの周りには、赤や青などの単純な色だけでなく、さまざまな微妙《びみょう》な中間色があります。中には、昔からの伝統的な名前のついた色も、たくさんあります。

その中で、私が好きな色をひとつ選ぶなら、「浅葱色《あさぎいろ》」です。「薄《うす》いネギ（葱）の色」という意味。空色に近い、きれいな薄緑《うすみどり》色です。ボーカロイドの初音《はつね》ミクの髪《かみ》の色に似ている、と言えば分かるでしょうか。

「源氏物語《げんじものがたり》」では、浅葱色の服を着た貴族がばかにされる場面があります。身分の高くない貴族の服の色だからです。

歌舞伎《かぶき》では、舞台《ぶたい》一面が浅葱色の幕でおおわれていることがあります。この幕のことを「浅葱幕《あさぎまく》」と言います。浅葱色は、歌舞伎ファンにはおなじみの色なのです。

浅葱色は、ネギの色にはあまり似ていないかもしれません。もっとネギの色に近いのが「萌葱色《もえぎいろ》」です。少し青みがかった、深い緑色。「地面から出てきたばかりのネギの色」という意

味です。たしかに、ふだんよく見るネギの色です。

さらに、この「萌葱色」と同じ発音の「萌黄色《もえぎいろ》」というのもあります。「葱」ではなく「黄」の字を書きます。黄緑に近い色。これもまたきれいな色です。

伝統的な色は、名前を聞いただけではイメージしにくいものです。私は大学生の時、正確な色が知りたくて、カラー印刷の色の辞典を買ってきたこともありましたっけ。

本書は、2019年6月6日から2021年6月17日まで
『毎日小学生新聞』に連載された
「日本語どんぶらこ」に加筆、再構成したものです。

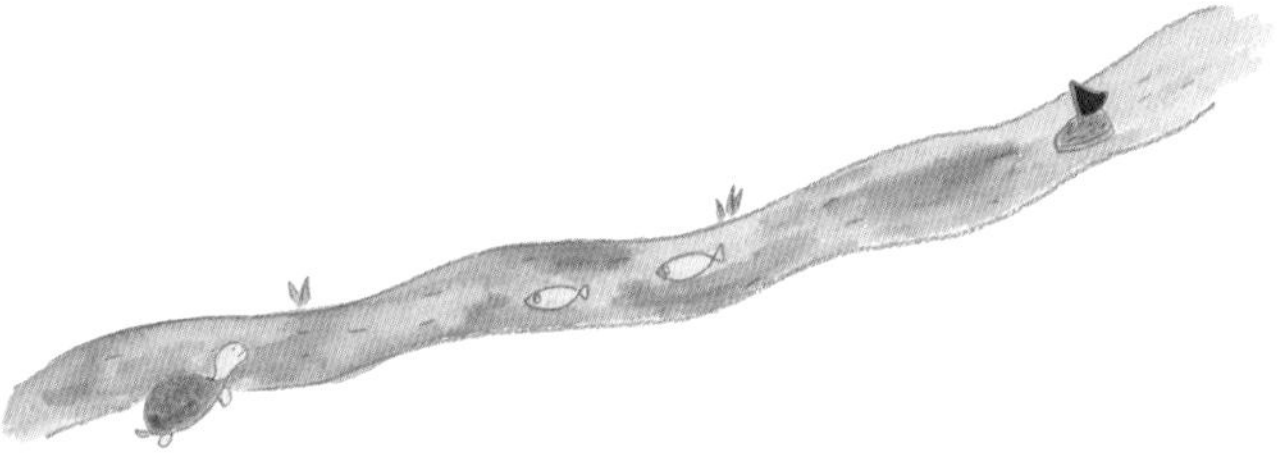

【装丁】
宮川和夫
【本文デザイン】
芝山雅彦（スパイス）

【著者紹介】

【文】

飯間浩明（いいま・ひろあき）

1967年、香川県生まれ。国語辞典編さん者。『三省堂国語辞典』編集委員。国語辞典の原稿を書くために、新聞や雑誌、放送などから新しいことばを拾う毎日。街の中にも繰り出して、気になる日本語の採集を続ける。国語辞典を楽しむイベント「国語辞典ナイト」でも活躍。おもな著書に『辞書を編む』『小説の言葉尻をとらえてみた』（ともに光文社）『国語辞典のゆくえ』『つまずきやすい日本語』（ともにNHK出版）『ことばハンター』（ポプラ社）『知っておくと役立つ街の変な日本語』（朝日新聞出版）などがある。

ツイッター：@IIMA_Hiroaki

【絵】

金井真紀（かない・まき）

1974年、千葉県生まれ。文筆家、イラストレーター。「多様性をおもしろがる」を合言葉に世界各地で人の話を拾い集めて、文や絵にしている。著書に『世界はフムフムで満ちている』『酒場學校の日々』（ともに皓星社）『はたらく動物と』（ころから）『パリのすてきなおじさん』（柏書房）『サッカーことばランド』（熊崎敬氏との共著、ころから）『子どもおもしろ歳時記』『虫ぎらいはなおるかな？』（ともに理論社）『マル農のひと』（左右社）『世界のおすもうさん』（和田靜香氏と共著、岩波書店）などがある。うずまき堂代表（部下は猫）。

うずまき堂マガジン：https://uzumakido.com/

JASRAC 出 2106411-101

日本語《にほんご》をもっとつかまえろ！

印　刷　2021年8月30日
発　行　2021年9月5日

文　飯間浩明《いいまひろあき》
絵　金井真紀《かないまき》

発行人　小島明日奈
発行所　毎日新聞出版
〒102-0074　東京都千代田区九段南1-6-17　千代田会館5階
営業本部：03（6265）6941
図書第二編集部：03（6265）6746
印刷・製本　中央精版印刷

ISBN978-4-620-32698-6